KB048376

서울지방변호사회
법제연구원 연구총서 **06**

법관평가의
법제화방안 연구

서울지방변호사회
집필 윤태석 · 이광수 · 정성희

박영사

발간사

　　서울지방변호사회가 지난 2008년부터 시행해 오고 있는 법관평가제도에 대해 시행 초기에는 내부적으로도 많은 반대와 우려가 있었습니다. 그러나 시행 횟수가 거듭되면서 평가에 참여하는 변호사와 평가대상 법관의 수는 지속적으로 증가하여 왔으며, 언론과 국민의 관심 또한 매년 커져 왔습니다. 이러한 양적 증가 추세는 앞으로도 지속될 것이 예상되므로 이제는 양적 증가에 걸맞는 질적 향상에도 더욱 관심을 두어야 할 것입니다. 이를 통해 일각에서 제기하고 있는 공정성과 객관성에 대한 의문을 불식시키고 궁극적으로는 법관평가제도의 법제화를 이뤄내는 것을 최종적인 목표로 삼아야 합니다. 본서에서는 이러한 목표의식에 따라 법관평가제도의 질적인 향상을 도모할 수 있는 대안을 제시하는 한편 궁극적으로는 법관평가 결과가 법관의 인사평정에 반영되도록 법제화시키는 방안의 당위성과 추진전략을 제시하고 있습니다.

　　서울지방변호사회는 지난 2013년 국내 변호사단체 최초로 연구기관인 법제연구원을 설립하고 변호사제도를 포함한 사법제도 전반에 대한 연구를 진행하여 매년 그 성과를 연구총서로 발간하여 왔습니다. 특히 연구원을 설립한 지 만 3년이 되는 금년 2016년에는 변호사제도의 기본 규범인 변호사법에 대한 개론서를 연구총서 제5권으로 발간하였으며, 그 뒤를 이어 연구총서 제6권부터 제9권까지 총 다섯 권의 서적을 연구성과로 발간하게 되어 법제연구원의 발전이라는 측면에서 무척 뜻깊은 한 해로 기억될 것입니다.

서울지방변호사회 법제연구원 연구총서 제6권으로 발간하게 된 본서는 서울지방변호사회가 자체적으로 외국의 제도를 연구하여 국내에 도입한 법관평가제도가 법률에 근거를 둔 하나의 제도로서 정착될 수 있는 가능성을 짚어보고 그 실천전략을 제시하였다는 점에서, 변호사단체로서는 매우 의미 있는 연구결과물이라 할 것입니다. 동시에 법관평가의 법제화를 통해 사법에 대한 민주적 통제를 실현하고, 사법부 내의 폐쇄적인 인사평정을 보완한다는 측면에서 시민사회적으로도 가치 있는 연구성과물이 될 것이라 생각합니다.

이번 연구에는 이광수 변호사님을 책임연구위원으로 하여 윤태석 연세대학교 법학전문대학원 교수님과 정성희 변호사님이 연구위원으로 참여하여 주셨고, 조용준 변호사님이 도움을 주셨습니다. 그간의 법관평가 성과에 대한 분석과 함께 각국의 법관평가에 대한 비교법적 연구, 발전방안 모색 등에 대해 깊이 있는 연구를 진행해 주신 연구위원님들께 깊은 감사의 말씀을 드립니다.

또한 본서의 출간을 위해 협조와 노고를 아끼지 않으신 박영사 안종만 회장님과 편집부 관계자 여러분의 노고에도 깊이 감사드립니다.

2016년 12월
서울지방변호사회 회장
김 한 규

서 문

이 연구는 법관평가의 현황을 파악하기 위하여 우리나라 변호사단체 중 가장 먼저 법관평가를 실시하여 온 서울지방변호사회의 법관평가제도의 변천과정을 살펴보고, 그에 대한 변호사단체의 자체적 평가와 아울러 법원, 검찰, 사회 일반 등의 다양한 평가를 검토하여 변호사단체가 실시하고 있는 법관평가제도가 어떤 의의를 갖고 있으며 그 발전 방향은 어떠해야 하는가를 살펴보고자 한 것이다. 그 연구의 주된 대상은 서울지방변호사회의 법관평가로 설정하였다. 지금은 모든 지방변호사회가 법관평가를 실시하고 있지만, 서울지방변호사회의 법관평가는 2008년 우리나라에서 최초로 시작되어 지금에 이르고 있다는 연혁적 의의뿐만 아니라 전국 개업변호사의 4분의 3 가량이 소속한 변호사단체에서 시행하는 제도로서 평가참여 변호사나 평가대상 법관의 수 등 양적, 질적 측면에서 가장 대표적인 법관평가라고 할 수 있기 때문이다.

연구의 수행에는 법제연구원의 책임연구위원 외에도 우리나라 법관평가제도 연구에 관한 한 가장 권위 있는 연세대학교 법학전문대학원의 윤태석 교수님을 비롯하여 정성희 변호사님이 공동 집필자로 참여해 주셨고, 현재 서울지방변호사회 법제위원장이신 법무법인 세종의 조용준 변호사님께서 프랑스의 법관평가제도에 관하여 소중한 도움을 주셨다. 아울러 서울지방변호사회와 연례적으로 교류를 하고 있는 일본의 제2동경변호사회, 오사카변호사회와 대만의 타이페이율사회, 그리고 일본변호사연합회에서도 자국에서 실시하고 있는 법관평가제도에 관한 깊이 있는 정보를 제공해 주었다.

　법관평가제도는 사법권에 대한 민주적 통제기능을 수행함으로써 사법에 대한 국민주권의 실현에 이바지한다. 이러한 사법통제기능은 법관에 대한 외부의 관여라는 점에서 일견 사법권의 독립과 충돌하는 것처럼 보이지만, 법관평가의 법제화는 현재와 같은 관료형 법관인사제도 하에서 소수의 인사권자가 독점하는 법관인사평정을 보완할 수 있다는 측면에서 오히려 사법권의 독립을 강화시킬 수 있는 순기능을 담당할 수 있기도 하다. 법관들과 동등한 법적 소양을 갖춘 변호사들에 의한 법관평가는 가치중립적 평가가 가능하고 실제로도 그와 같은 중립적 평가가 이루어지고 있다는 점에서 법제화의 당위성을 찾을 수 있으며, 그 순기능이 법관인사에 제대로 발휘되기 위해서는 법제화가 당연한 요청이기도 하다는 것이 이 연구의 결론이다.

　법관평가의 법제화방안 연구가 서울지방변호사회 법제연구원의 여섯 번째 연구총서로 발간될 수 있었던 데에는 법률문화의 창달과 사법제도의 발전에 기여하는 것이 변호사단체의 중요한 사명이라는 인식으로 지원을 아끼지 않은 서울지방변호사회 제93대 집행부, 특히 김한규 회장님의 의지가 자리하고 있다. 또 이 연구서의 교정 작업 등 온갖 궂은 일을 도맡아 처리해 준 법제팀의 박중진 팀장을 비롯한 백진선 주임과 신혜지 주임의 수고가 없었더라면 연구서가 책의 모양을 제대로 갖출 수 없었을 것이다. 이 자리를 빌어 감사를 표한다.

2016년 12월

서울지방변호사회 법제연구원

책임연구위원　이　광　수

차 례

Ⅰ. 총 설 1

Ⅱ. 대한민국 법관평가제도의 시행경과와 평가 7

Ⅲ. 법관평가제도의 비교법적 고찰 61

법관평가의 법제화방안 연구

I. 총 설

1. 법관평가의 의의

법관평가의 개념을 정립하기 위해서는 법관평가와 관련된 몇 가지 범주를 명확하게 할 필요가 있다.

우선 법관평가의 대상이 되는 법관은 헌법기관인 법원에 속하고 판사의 자격을 가진 이들을 의미한다. 법관의 직제상 대법원장을 포함한 대법관은 판사로 분류되지 않으나 법관평가에 있어서의 법관에는 판사와 대법관(이하 대법관을 판사와 별도로 서술하여야 할 특별한 경우를 제외하고는 모두 법관으로 통칭한다)을 모두 그 대상으로 포섭한다. 이들과 유사한 속성을 갖고 있는 헌법재판소의 헌법재판관이나 헌법재판연구관 등도 평가의 대상으로 포섭하지 말아야 할 이유는 없으나, 연구대상의 단순화를 위하여 법원에 속한 법관만을 그 대상으로 포섭한다. 검사에 대해서는 2015년 대한변협에 의하여 검사평가제가 시행되었으나, 그 대상이 법관이 아닌 검사이고, 아직 검사평가제가 제도로 정착되었다고 보기 어려운 점 등을 고려하여 역시 논외로 한다.

법관에 대한 평가는 크게 법원 내부의 평가와 법원 외부의 평가로 나눌 수 있다. 법원 내부의 평가란 법관에 대한 인사평정을 의미한다. 법원 내부에서 인사평정 이외에 다른 방법으로 법관에 대하여 평가를 하는 사례는 알려진 바 없다. 법원 외부의 평가는 변호사단체나 시민단체 등 법원에 속하지 아니한 민간조직이나 여타 국가기관 등에 의한 평가를 의미하나, 아직까지 국가기관이 법관을 평가하는 경우는 없으므로 이 부분도 제외한다. 시민단체에 의한 법관평가는 법관 전체에 관한 전반적인 평가라기보다는 재판진행에 대한 모니터링, 인사청문회나 대법관 후보자 천거과정에서의 평가 등 비정형적인 평가라고 할 수 있다. 비정형적 평가를 제도화하여야 할 이유는 별로 없다. 결국 이 연구의 주제인 법관평가의 법제화방안이 대상으로 삼는 법관평가는 변호사단체에 의하여 실시되는 법관평가로 국한된다.[1]

2. 법관평가의 이념적 기초

법관평가는 법관에 대한 외부의 관여라는 점에서 사법권의 독립과 충돌한다. 다른 어떤 국가권력보다 특별히 독립성이 강하게 요청되는 사법권의 중추인 법관에 대하여 외부에서 관여하는 법관평가를 실시하여야 하는 당위성은 법관의 선발방식을 포함한 법관인사제도와의 관련성 속에서 찾아볼 필요가 있다.

미국의 상당수 주에서 실시하고 있는 선거제 방식에 의한 법관선

---

1 물론 미국의 사례에서 볼 수 있듯이 재판에 참여한 시민들 또는 법원직원도 법관을 평가할 수 있다. 하지만 우리나라에서는 그러한 영역에서의 법관평가가 시행된 바가 없으므로 변호사단체에 의한 법관평가가 제도화됨과 아울러 또는 그 이후에 변호사단체 외의 영역에서도 법관평가가 활성화·제도화된다면 변호사단체에 의한 법관평가와 더불어 대단히 환영할 일이다.

발 체제의 경우 법관평가는 선거권자인 주민들에게 후보자 선택을 위한 정보를 제공한다는 측면이 크다. 그러나 선거제 방식이 아닌 선발제 방식으로 법관을 임용하는 우리나라와 같은 체제 하에서는 법관평가에서 법관에 대한 정보제공의 기능은 찾아보기 어렵다. 그보다는 사법권에 대한 민주적 통제 기능을 발휘한다는 데에서 주된 의의를 찾을 수 있다. 법관선발에 대한 정보제공이든 사법권에 대한 민주적 통제이든 법관평가가 직접적으로 표방하는 것은 법관에 대한 책임추궁이다.

　법관에 대한 책임추궁의 필요성은 법관에 대한 고도의 독립성 보장에서 찾을 수 있다. 법관에 대한 독립성 보장의 수준이 높으면 높을수록 그에 비례하여 법관이 행한 사법권 작용에 대한 책임추궁이 강하게 요청되는 것이다. 사법권의 독립 내지 법관의 독립은 외부의 견제로부터 완전한 자유를 보장받는 것을 의미하지 않는다. 특히 그러한 견제가 주권자인 국민일 경우에는 더욱 그러하다.

　또 다른 관점에서 법관평가는 사법권의 독립을 위한 중요한 기능을 담당한다고 볼 수도 있다. 법관평가는 어떤 사건에 관하여 법관이 내리는 판단이 헌법과 법률과 양심에 따른 소신의 결과이며, 공정한 판단일 것을 촉구하는 기능을 수행하기 때문이다.

　결국 법관평가는 사법권 독립과 일면 충돌하는 반면 보완기능을 수행하기도 하는 것이다. 법관평가의 기능이 본질적으로 사법에 대한 책임추궁에 있다고 보는 관점에서 이를 좀 더 세분하여 보면 법관이 제공하는 사법서비스의 품질향상 도모, 일반 국민에 대한 교육적 효과, 사법권 독립의 강화, 법관에 대한 공정한 인사자료 제공 등을 들 수 있다.[2]

　법관평가를 결과평가와 과정평가로 2분하는 관점도 있다.[3] 그에

2 이상수, "사법권 독립과 법관의 직무평가", 「민주법학」 통권 41호(2009. 11), 296~298면 참조.
3 이상수, 전게논문, 287~288면 참조.

따르면 결과평가는 법관이 내린 판단의 결과에 대하여 대중의 법의식에 입각한 평가를 의미하고 과정평가는 재판 진행에 있어서 공정한 발언기회의 보장, 재판 진행 태도에 있어서 법관의 품위유지, 제척이나 기피 등 이해관계 충돌 회피의무 준수 여부 등에 대한 평가를 의미한다. 이러한 이분법에 따른다면 결과평가는 가치관에 입각한 평가이며, 과정평가는 가치중립적 평가라고 할 수 있다. 사법책임은 과정평가에 중점을 두어야 한다는 입장을 취한다.4 사법책임 추궁의 기능을 수행하는 법관평가 역시 과정평가에 치중해야 한다는 결론이 될 듯하다.

그러나 법관의 판단 결과에 대해서도 가치중립적 평가가 가능하다는 점에서 위와 같은 이분적 관점에 전적으로 동의할 수는 없다. 예를 들어 판결문의 이유모순, 주장에 대한 불충분한 판단, 증거판단의 오류 등은 과정평가가 아닌 결과평가에 해당하지만, 그 본질은 가치중립적이다. 따라서 사법책임 추궁은 가치지향적 책임추궁과 가치중립적 책임추궁의 두 가지 유형으로 나누어 보는 것이 더 적절하다. 선거제 방식으로 법관을 임용하는 경우에는 가치지향적 사법책임 추궁의 기능이 중요한 의의를 가질 수도 있겠으나, 선발 방식으로 법관을 임용하는 우리 사법체제 하에서 사법책임 추궁 수단이 되는 법관평가는 당연히 가치중립적 책임추궁을 지향하는 것이 옳다.

3. 법관평가의 주체와 관련한 논의

법관평가가 사법책임 추궁의 기능을 추구하고 사법책임 추궁은 법관의 독립을 견제하는 동시에 보완하는 양면적 성격을 갖는다고 할 경우, 법관평가의 주체를 어느 범주로 설정해야 하느냐의 문제를 논의할 필요가 있다. 사법책임 추궁의 기능을 수행한다면 주권자인 국민이 평가의 주체가 되어야 하는 것이 당연하다. 국민은 개인적으로 또는

---

4 이상수, 전게논문, 290면.

시민단체와 같은 사적 결사를 통하여 집단적 의사표현의 방법으로 법관을 평가할 수 있다. 여기서 국민 일반의 법관평가와 변호사단체의 법관평가[5]는 어떠한 차별성을 갖는지 여부를 살펴보아야 한다. 양자가 별다른 차별성을 갖지 못한다면 구태여 변호사단체의 법관평가를 따로 법제화할 당위성이나 필요성은 크지 않을 것이기 때문이다.

변호사단체의 법관평가가 국민 일반의 법관평가와 가장 크게 차별성을 가질 수 있는 부분은 법률전문가에 의한 평가라는 점이라고 할 수 있다. 앞에서 법관평가는 가치중립적이어야 한다는 점을 지적하였다. 국민 일반은 가치중립적 법관평가를 수행하기에 별로 적합하지 않다. 가치중립적 법관평가는 소송절차에 관한 전문적 지식과 경험을 필요로 하기 때문이다. 이런 이유에서 소송절차에 관한 전문지식과 경험을 보유하고 있는 변호사들로 구성된 변호사단체의 법관평가가 법관평가의 제도적 취지에 가장 잘 부합한다고 할 수 있다. 이 연구에서 법제화 논의의 대상으로 삼는 법관평가 역시 변호사단체에 의한 법관평가를 가리키는 것이다.

4. 연구의 의의

이 연구는 위와 같은 관점에 입각해서 사법권에 대한 민주적 통제를 기본이념으로 하되 가치중립적 입장에서 사법서비스의 품질향상 도모, 일반 국민에 대한 교육적 효과, 사법권 독립의 강화, 법관에 대한 공정한 인사자료 제공 등을 목적으로 하는 변호사단체에 의한 법관평가제도의 발전방향을 모색하고자 한다. 발전방향의 궁극적 지향점은

---

5 엄밀하게는 변호사단체가 평가 자체의 주체가 되는 것이 아니라 변호사단체에 속한 개개의 변호사들이 법관평가의 주체가 되는 것이고, 변호사단체는 소속 변호사들의 평가결과를 정리하여 공표하는 등의 기능을 담당하는 것이지만, 편의상 개개의 변호사들에 의한 법관평가를 변호사단체에 의한 법관평가로 취급하기로 한다.

법관평가의 법제화에 있다는 것이 이 연구의 결론이다. 법관평가의 법제화를 위해서는 법관평가가 담보하여야 할 양적·질적 측면의 요소들은 살펴보는 과정이 필요하다.

　　이 연구는 법관평가의 현황을 파악하기 위하여 우리나라 변호사단체 중 가장 먼저 법관평가를 실시하여 온 서울지방변호사회의 법관평가제도의 변천과정을 먼저 살펴보고, 그에 대한 변호사단체의 자체적 평가와 아울러 법원, 검찰, 사회 일반 등의 다양한 평가를 검토한다. 이러한 평가들의 적정성에 관한 검토를 위하여 외국에서 실시하고 있는 법관평가 사례들에 대한 비교연구도 진행한다. 외국의 사례들을 살펴보면 우리보다 먼저 법제화를 실현한 경우도 있고, 반대로 개인적 연구 수준의 평가도 있음을 알 수 있다. 그러나 외국의 사례를 검토함에 있어서 가장 기본이 되어야 하는 원칙은 사법체제의 유사성 여부이다. 법관 임용제도 등 사법체제가 우리와 전혀 다른 나라의 사례들의 경우 그러한 사법체제의 상이함이라는 한계를 고려한 검토가 수반되어야 한다는 것이다. 이러한 사례검토를 통하여 우리 법관평가제도가 법제화를 위하여 어느 정도의 수준에 이르렀는지 진단할 수 있게 될 것이다. 그러한 진단이 내려진다면 진단결과에 따라 어떠한 사항을 보완할 필요가 있을 것인지 그리고 법제화를 위해 어떤 절차를 어떻게 진행해 나가야 할 것인지에 대한 검토를 통해 법관평가의 법제화를 위한 방향과 실천전략을 제시하게 될 것이다.

Ⅱ. 대한민국 법관평가제도의 시행경과와 평가

1. 법관평가제도 도입의 계기

우리나라에서 최초로 변호사단체에 의한 법관평가제도가 도입된 것은 2008년 12월 서울지방변호사회에 의해서이다. 도입계기는 구술변론이나 공판중심주의가 강조되면서 오히려 권위주의적이거나 편파적인 재판이 진행된다는 변호사들의 문제의식을 반영한 것이라고 한다.[6] 서울지방변호사회의 법관평가제도는 시행 초기의 많은 반대와 우려에도 불구하고 회차를 거듭하면서 많은 회원변호사들의 참여를 통하여 양적 증가를 이룩하였다. 그럼에도 불구하고 질적인 측면에 대해서는 뒤에서 살펴보듯이 양면적인 평가가 공존하고 있는 것이 사실이다. 바로 이 부분에 초점을 맞추어 법관평가제도가 법제도로 정착될 수 있는 방안은 여하해야 하는가를 모색하는 것이 이 연구의 주안점이다.

2. 법관평가제도의 시행경과

가. 2008년 제1차 법관평가

(1) 평가방법

서울지방변호사회의 법관평가는 2008년 12월에 최초로 실시되었다.[7] 법관평가항목은 모두 17개로 구성하고 이 항목들을 자질 및 품위, 공정성, 사건처리태도의 세 가지 범주로 나누었다. 평가방식은 회원들이 자율적으로 평가표를 작성하되, 공정한 평가를 위하여 변호사가 해당사

---

6 http://media.daum.net/breakingnews/view.html?cateid=1067&newsid=20081118200204383&p=ytni 참조(2016. 5. 31. 최종 방문).

7 법관평가는 평가년도 말까지 평가서를 수집하여 다음 연도 1월 중에 발표가 이루어진다. 그러므로 2008년의 법관평가는 2009년 1월에 발표한 법관평가를 가리킨다.

건에 대한 재판 법정에 직접 참여한 경우에 한하여 법관평가를 하도록 하였으며, 평가자의 실명과 사건번호, 법관명을 필수적으로 기재한 경우에만 유효한 평가로 인정하였고, 법무법인 등[8]에서 다수의 변호사가 한 사건을 수행한 경우에도 한 사건당 한 건의 법관평가만 인정함으로써 복수응답이 이루어질 수 있는 가능성을 원천적으로 차단하였다.

평가서에는 평가자의 실명[9]과 처리한 사건의 사건번호, 담당한 법관명을 기재하도록 하였고, 평가항목별로 A, B, C, D, E의 5단계 평가를 하도록 한 후,[10] 각 등급의 점수 합계를 100점 만점으로 환산하여,[11] 각 법관별로 평가받은 점수를 합산하고 평균점수를 산출하여 상위법관과 하위법관을 각 10인씩 선정하였다. 또 위의 세 범주별로 A가 70%를 넘는 경우를 우수법관, D와 E가 50% 이상인 경우를 문제법관으로 선정하였다.[12] 다만 특정한 평가자의 주관이 평가에 미치는 영향을 최소화하기 위하여 법관 1인당 최소 5건 이상의 평가가 이루어진 경우만을 유효한 법관평가로 포섭하였다. 이후의 법관평가와 달리 이 시기의 법관평가에서는 상위법관이나 하위법관, 우수법관이나 문제법관의 선정기준은 모두 법관평가특별위원회에 위임되어 있었다.

---

8 법무법인, 법무법인(유한), 법무조합을 통칭하여 '법무법인 등'으로 한다. 이하 같다.

9 평가자의 실명은 평가표 제출 즉시 분리하여 별도로 보관처리 하도록 하여 어느 평가자가 어떤 내용의 평가를 하였는지 사후에 추적할 수 있는 가능성을 원천적으로 차단하였다.

10 각 등급당 배점은 균등배점 방식이 아니라, 각 항목별 배점에 비례하여 A~E 평가간 배점 편차도 다르게 부여하였으며, 17개 항목 모두에서 E등급을 받은 경우의 최저점수를 20점으로 설정하였고, 평가항목 중 무응답 항목의 점수는 해당 법관이 받은 평균점수를 부여하였다.

11 환산점수는 자질 및 품위 부문 30점(2문항×5점, 2문항×10점), 공정성 부문 30점(3문항×10점), 사건처리태도 부문 40점(10문항×4점)으로 하였다.

12 즉 상위법관·하위법관과 우수법관·문제법관의 선정기준이 이원화되어 있는 것이 특징이라고 할 수 있다. 그와 같이 이원화된 기준을 적용한 구체적 이유는 문서상으로 나타나 있지 않다.

(2) 평가항목

Ⅲ. **2008년 법관평가표**

수임사건	법원		평가대상자	소 속	
	사건번호			법관명	
평가일	200 년　　월　　일				
평가자	변호사　　　　　　(인)				

* 2008년 법관평가는 2008. 1. 1.부터 2008. 12. 31. 까지 수행한 사건(수임년도와 무관)을 재판한 법관에 대한 평가임.

평가내용	평가기준	평가
자질 및 품위	말씨가 법관으로서의 품위를 가지고 있는가(고압적, 인격모독적, 반말투의 말씨 등)	(A, B, C, D, E)
	태도가 법관으로서의 품위를 가지고 있는가	(A, B, C, D, E)
	당사자나 대리인을 친절하게 대하고 있는가	(A, B, C, D, E)
	증인에 대한 태도가 진지한가	(A, B, C, D, E)
공정성	일방에 편들지 않고 공정하게 재판을 진행하고 있는가	(A, B, C, D, E)
	당사자의 사회적, 경제적 지위에 관계없이 공평한 대우를 하고 있는가	(A, B, C, D, E)
	판결 전에 예단을 가지고 있지 않은가	(A, B, C, D, E)
사건 처리 태도	개정시간이나 고지된 재판시각을 잘 지키고 있는가	(A, B, C, D, E)
	기록내용을 충분히 파악한 후 재판에 임하고 있는가	(A, B, C, D, E)
	쟁점을 정확하게 파악하고 있는가	(A, B, C, D, E)
	재판의 대상이 된 사안과 관련된 실무지식 및 관행 등에 대한 이해도가 높은가	(A, B, C, D, E)
	당사자나 대리인의 의견을 잘 경청하는가	(A, B, C, D, E)
	신문을 잘 듣고 있는가	(A, B, C, D, E)
	필요한 증거를 충분히 조사하고 있는가	(A, B, C, D, E)
	소송지휘권을 적절히 행사하고 있는가	(A, B, C, D, E)
	재판을 신속하게 처리하고 있는가(정당한 이유 없는 연기 등)	(A, B, C, D, E)
	조정이나 화해를 강제하는 일이 없는가(불응하면 불리한 결론을 내리겠다는 발언 등)	(A, B, C, D, E)
총　점		
구체적 사례	* 품위를 저해하거나 불공정한 재판이 있는 경우의 구체적 사례(별지 가능)	
기타 의견	* 2007년 및 그 이전 수임사건을 재판한 법관 평가 등(별지 가능)	

* 평가등급 구분 - A : 매우 좋다,　　B : 좋다,　　C : 보통,　　D : 나쁘다,　　E : 매우 나쁘다

(3) 평가결과

㈎ 총 괄

제1차 법관평가는 2008년 12월 24일부터 2009년 1월 28일까지 평가표를 접수받았는데, 통상의 법관평가가 1년을 단위로 이루어지는 것과 달리 제1차 법관평가는 해당 연도에 처음 기획되어 실시되는 관계로 2008년 말부터 2009년 초 사이에 실시되기에 이른 것이다. 6,390명의 회원 중 법관평가에 참가한 변호사의 수는 491명, 총 평가건수는 1,039건이었으나 그 중 평가자의 실명누락, 사건번호 또는 평가대상 법관의 이름을 누락한 경우 등 36건의 무효 건을 제외한 1,003건이 유효한 평가건수로 집계되었다. 무효처리된 평가건수를 제외한 평가대상 법관수는 456명이었고, 위에서 설명한 방법처럼 각 법관별 점수를 산출한 결과 평가법관 전체의 평균점수는 75.4점이고 상위 10인은 87점 이상인데 그 중 최상위 법관은 93.56점, 하위 10인은 57점 이하인데 그 중 최하위법관은 45.88점으로 나타났다.[13] 최초의 법관평가에서는 하위법관은 물론 우수법관의 명단도 공개하지 않았다.

㈏ 상위법관과 하위법관

상위법관과 하위법관의 점수표는 각각 다음과 같다.

[표 1] 상위법관 점수표(내림차순)

순 위	평 점	순 위	평 점
1	93.56	6	90.98
2	92.94	7	90.90
3	92.84	8	90.81
4	91.46	9	87.81
5	91.29	10	87.66

13 유감스럽게도 제1차 법관평가의 전체 평가결과자료는 확인되지 않았다.

[표 2] 하위법관 점수표(오름차순)

순 위	평 점	순 위	평 점
1	45.88	6	52.47
2	48.70	7	52.54
3	49.86	8	54.31
4	50.04	9	54.95
5	52.21	10	56.51

(다) 범주별 우수법관과 문제법관

1) 자질 및 품위부문

가) 우수법관(6명)

순 위	A의 비율(%)	순 위	A의 비율(%)
1	88.46	4	81.48
2	84.62	5	77.27
3	82.35	6	75.00

나) 자질 및 품위부문 문제법관(7명)

순 위	D, E의 비율(%)	순 위	D, E의 비율(%)
1	81.82	5	61.70
2	80.65	6	57.14
3	70.59	7	52.00
4	62.50		

2) 공정성부문

가) 우수법관(3명)

순 위	A 의 비율(%)
1	71.43
1	71.43
1	71.43

나) 공정성부문 문제법관(9명)

순 위	D, E의 비율(%)	순 위	D, E의 비율(%)
1	80.00	6	56.25
2	70.97	7	55.17
3	66.67	8	53.57
4	61.11	9	53.33
5	58.33		

3) 사건처리태도부문

가) 우수법관(4명)

순 위	A의 비율(%)	순 위	A의 비율(%)
1	86.57	3	76.81
2	81.43	4	72.73

나) 사건처리태도부문 문제법관(1명)

순 위	D, E의 비율(%)
1	51.26

나. 2009년 제2차 법관평가

(1) 평가방법

2009년도 제2차 법관평가에서는 전년도의 법관평가 결과를 반영하여 법관평가항목을 공정성, 품위·친절성, 직무성실성, 직무능력성, 신속성의 5가지 범주로 나누고 각 범주별 별도의 항목은 편성하지 아니하였다. 평가범주별로 A, B, C, D, E의 5단계 평가를 하도록 하고, 단계별 배점은 A(매우 좋다)−20점, B(좋다)−15점, C(보통)−10점, D(나쁘다)−5점, E(매우 나쁘다)−0점, 각 범주는 20점 만점으로 하여 총

점 100점 만점으로 하는 변화를 시도하였다.[14] 상위법관과 하위법관의 숫자도 각 15명으로 선정하여 제1차 법관평가보다 각 5인씩을 추가하였다. 우수법관과 문제법관은 별도로 선정하지 아니하고 다만 우수법관 사례와 문제법관 사례를 법원행정처에 전달하는 것으로 변경하였다. 2008년 제1차 법관평가의 경우 연중에 법관평가제도의 도입이 기획되어 연말에 시행되기에 이른 관계로 법관평가기간을 제대로 설정할 수 없었으나,[15] 2009년 제2차 법관평가부터 본격적으로 상시평가체제가 시행됨에 따라 법관평가기간을 매년 1월 1일부터 12월 31일까지로 변경하였다. 우수한 평가를 받은 법관[16]의 명단을 공개하기 시작한 것도 제2차 법관평가부터이다.

그러나 기본적인 평가방법, 즉 회원들이 자율적으로 평가표를 작성하되, 공정한 평가를 위하여 변호사가 해당사건에 대한 재판 법정에 직접 참여한 경우에 한하여 법관평가를 하도록 하였으며, 평가자의 실명과 사건번호, 법관명을 필수적으로 기재한 경우에만 유효한 평가로 인정하고, 법무법인 등에서 다수의 변호사가 한 사건을 수행한 경우에도 한 사건번호당 한 건의 법관평가만 인정함으로써 복수응답이 이루어질 수 있는 가능성을 원천적으로 차단하며, 평가서에는 평가자의 실명과 처리한 사건의 사건번호, 담당한 법관명을 기재하도록 하고, 법관 1인당 최소 5건 이상의 평가가 이루어진 경우만을 유효한 법관평가로 포섭하는 평가방식은 2008년도와 비교하여 달라진 부분이 없다. 제2차 법관평가에서는 평가자의 주관에 따른 왜곡가능성을 더욱 배제하

---

14 제1차 법관평가와 확연하게 달라진 부분인데, 그 변경 이유는 기록으로 확인되지 않는다.

15 2008년에 제정된 「법관평가특별위원회규정」에서는 전년도 12월 1일부터 당해연도 11월 30일까지를 평가기간으로 규정하고 있었다.

16 당시 "우수한 평가를 받은 법관"이 상위법관을 의미하는 것인지 여부는 명확하지 않다.

기 위하여 법무법인 등이 아닌 경우라 하더라도 다수의 변호사가 한 사건을 공동으로 수행한 경우에는 한 건의 법관평가만을 인정하였으며, 한 명의 변호사가 사건번호를 달리하여 한 명의 법관에 대하여 2회 이상 평가한 경우에는 횟수에 관계없이 1회의 평가로 간주하였다.

(2) 평가항목

2009년 법관평가표

평가대상	법　원	
	재판부	
	판사명	

수임사건	법　원	
	사건번호	
평가일		년　월　일
평가자		(인)

항목	예시	평가
공정·청렴성	①일방을 편들거나 소송관계인의 사회적·경제적 지위를 차별하거나 불공평한 대우를 하는지, ②불필요한 편견 또는 선입견을 가지거나 감정을 드러내면서 재판하는지, ③조정이나 화해를 사실상 강요하는 말을 하거나 불응하면 불이익을 줄 듯한 태도를 취하는지, ④공정·청렴성에 오해를 살 만한 행동을 하는지	A B C D E
품위·친절성	①말씨와 태도에 법관으로서의 품위가 있는지, ②소송관계인에 대하여 친절하거나 정중하게 대하는지, ③반말 및 반말 투의 말, 고압적이거나 인격 모독적인 말을 사용하는지, ④소송관계인이 말을 잘 알아들을 수 있도록 정확한 표현을 사용하고 필요한 경우 말을 잘 알아듣는지 여부를 확인하는지	A B C D E
직무성실성	①필요한 기록 내용 또는 쟁점을 충분히 파악하고 재판에 임하는지, ②신중하고 충실한 심리를 하려고 노력하는지, ③소송관계인의 의견 및 신문을 경청하는지, ④필요한 증거를 충분히 조사하는 등 실체적 진실 발견을 위하여 노력하는지, ⑤증거 신청 또는 증인 신문을 부당하게 제한하는지	A B C D E
직무능력성	①재판의 적정한 진행 및 설득력 있는 판결의 선고에 필요한 법률적인 소양을 충분히 갖추었는지, ②당해 사건과 관련된 전문 분야 또는 실무 지식 및 관행에 대하여 충분히 이해를 하거나 이해하려고 노력하는지, ③판결문이 논리적이고 충분한 이유를 설명하고 있는지	A B C D E
신속·적정성	①기일 지정을 비합리적으로 하거나 소송지휘권을 부적절하게 행사함으로써 부당하게 재판이 지연되는지, ②같은 기일에 무리하게 한꺼번에 많은 사건을 배정함으로써 소송관계인이 부당하게 오랜 시간 동안 대기하도록 하는 불편을 초래하는지, ③개정 시간이나 고지된 재판 시각을 잘 지키고 있는지, ④소송관계인에게 공격·방어에 필요한 적정한 시간을 부여하는지	A B C D E
구체적 사례		
기타 의견		

※ 평가 구분 ⇒ **A** : 매우 좋다　**B** : 좋다　**C** : 보통　**D** : 나쁘다　**E** : 매우 나쁘다

(3) 평가결과

제2차 법관평가는 2009년 1월 1일부터 2009년 12월 31일까지 실시되었다. 제1차 법관평가가 새로 기획되어 단기간에 이루어질 수밖에 없었던 점을 고려한다면, 실질적으로 상시적인 법관평가가 이루어진 것은 제2차 법관평가부터라고 할 수 있다. 법관평가에 참여한 회원 수는 555명이고 접수건수는 1,828건이었으나, 무효건수 24건을 제외한 유효평가건수는 1,804건이었고, 평가를 받은 법관의 수는 689명이었으며, 그 중 5회 이상의 평가를 받은 유효평가대상 법관수는 108명으로 집계되었다. 이들의 평균점수는 76.44점이었고, 최고점수는 100점, 최저점수는 21.67점이었다. 상위법관 15인의 평균점수는 97.33점, 하위법관 15인의 평균점수는 43.20점이었다.

다. 2010년 제3차 법관평가

(1) 평가방법

2010년도 제3차 법관평가의 평가방법은 2009년과 비교하여 달라진 것이 없다. 다만 이 시기에는 법관평가표의 보관과 폐기에 관하여 아무런 기준이 없던 점을 보완하여 서울회 「법관평가특별위원회규정」(이하 '위원회규정'이라고 약칭한다)에 법관평가표는 1년간 보관 후 폐기하는 것으로 하되, 평가자의 실명이 기재된 부분은 분리하여 3개월간 보관하다가 폐기하도록 근거규정을 마련하였다.[17]

---

17 2011. 1. 18. 개정된 규정 제11조.

(2) 평가항목

2010년 법관평가표

평가대상	법 원	
	재판부	
	판사명	

수임사건	법 원	
	사건번호	
평가일	년 월 일	
평가자	(인)	

항목	예시	평가
공정·청렴성	①일방을 편들거나 소송관계인의 사회적·경제적 지위를 차별하거나 불공평한 대우를 하는지, ②불필요한 편견 또는 선입견을 가지거나 감정을 드러내면서 재판하는지, ③조정이나 화해를 사실상 강요하는 말을 하거나 불응하면 불이익을 줄 듯한 태도를 취하는지, ④공정·청렴성에 오해를 살 만한 행동을 하는지	A B C D E
품위·친절성	①말씨와 태도에 법관으로서의 품위가 있는지, ②소송관계인에 대하여 친절하거나 정중하게 대하는지, ③반말 및 반말 투의 말, 고압적이거나 인격 모독적인 말을 사용하는지, ④소송관계인이 말을 잘 알아들을 수 있도록 정확한 표현을 사용하고 필요한 경우 말을 잘 알아들었는지 여부를 확인하는지	A B C D E
직무성실성	①필요한 기록 내용 또는 쟁점을 충분히 파악하고 재판에 임하는지, ②신중하고 충실한 심리를 하려고 노력하는지, ③소송관계인의 의견 및 신문을 경청하는지, ④필요한 증거를 충분히 조사하는 등 실체적 진실 발견을 위하여 노력하는지, ⑤증거 신청 또는 증인 신문을 부당하게 제한하는지	A B C D E
직무능력성	①재판의 적정한 진행 및 설득력 있는 판결의 선고에 필요한 법률적인 소양을 충분히 갖추었는지, ②당해 사건과 관련된 전문 분야 또는 실무 지식 및 관행에 대하여 충분히 이해를 하거나 이해하려고 노력하는지, ③판결문이 논리적이고 충분한 이유를 설명하고 있는지	A B C D E
신속·적정성	①기일 지정을 비합리적으로 하거나 소송지휘권을 부적절하게 행사함으로써 부당하게 재판이 지연되는지, ②같은 기일에 무리하게 한꺼번에 많은 사건을 배정함으로써 소송관계인이 부당하게 오랜 시간 동안 대기하도록 하는 불편을 초래하는지, ③개정 시간이나 고지된 재판 시각을 잘 지키고 있는지, ④소송관계인에게 공격·방어에 필요한 적정한 시간을 부여하는지	A B C D E
구체적 사례		
기타 의견		

※ 평가 구분 ⇒ **A** : 매우 좋다 **B** : 좋다 **C** : 보통 **D** : 나쁘다 **E** : 매우 나쁘다

(3) 평가결과

2010년도 제3차 법관평가 역시 2010년 1월 1일부터 같은 해 12월 31일까지 1년간 실시되었다. 7,354명의 회원 중 517명의 회원이 참여하였다. 접수된 평가건수는 모두 2,555건이고 전국 2,550명의 법관[18] 중 1회 이상 평가를 받은 법관은 903명이었다. 무효평가건수 47건을 제외한 나머지 유효평가건수는 2,508건, 유효평가대상 법관수는 155명으로 법관평가제도 도입 후 3년 만에 괄목할 만한 증가세를 보였다. 전체법관 평균점수는 77.73점, 유효평가대상 법관의 평균점수는 75.47점이었다. 상위법관 15인의 평균점수는 96.87점,[19] 하위법관 15인의 평균점수는 46.10점[20]이었다.

라. 2011년 제4차 법관평가

(1) 평가방법

2011년도 제4차 법관평가의 평가방법 중 종전의 평가방법과 비교하여 달라진 부분은 평가범주를 공정(세부항목 4개, 40점), 품위·친절성(세부항목 2개, 20점), 직무능력(세부항목 4개, 40점) 3개 분야[21]로 나누어 100점 만점으로 평가하는 방식으로 변경된 것과, 상위법관과 하위법관의 선정기준을 전체 평가된 법관 939명의 상위 및 하위 각 1%를 기준으로 선정한 것 및 종래의 '5점 척도 평가'에서 '3점 척도 평가'[22]로 변경한 것 등이다.

---

18 법관 총 정원에 해당하는 숫자로 재판연구관이나 법원행정처 소속 법관 등 실제 재판업무를 담당하지 않거나 사실상 법관평가를 받지 않고 있는 대법관을 제외한다면 평가대상 법관의 수는 이보다 다소 줄어들 것으로 보인다. 평가대상 법관의 숫자가 정확하게 몇 명인지는 법원행정처 측의 협조가 없으면 확인할 수 없는 부분이다.
19 제3차 법관평가에서는 상위법관 15인 중 만점인 100점을 받은 법관이 2명이나 나왔다.
20 하위법관 15인 중 최하위점은 30점으로 나왔다.
21 각 범주별 세부평가항목은 다음의 평가표 내용 참조.
22 우수 > 보통 > 미흡.

(2) 평가항목

2011년 **법관평가표**

평가대상	법　원	
	재판부	
	판사명	

수임사건	법　원		
	사건번호		
평가일		년　월　일	
평가자			(인)
평가자 생년월일			

항　목	문　항	평　가		
공정	①소송관계인 일방을 편들거나 사회적·경제적 지위 등에 따른 차별대우를 하지 않는다	우수	보통	미흡
	②예단 또는 선입견을 가지거나 감정을 드러내면서 재판하지 않는다	우수	보통	미흡
	③조정, 화해, 자백, 합의 등을 사실상 강요하는 말을 하거나 이에 불응하면 불이익을 줄 듯한 태도를 취하지 않는다	우수	보통	미흡
	④증거신청이나 증인신문 등 소송관계인의 신청을 부당하게 제한하지 않는다	우수	보통	미흡
품위·친절	⑤반말이나 반말 투의 말, 고압적이거나 모욕적인 말을 사용하지 않는다	우수	보통	미흡
	⑥소송관계인에게 친절하고 정중하게 대한다	우수	보통	미흡
직무능력	⑦필요한 기록내용 또는 쟁점을 파악하고 재판에 임한다	우수	보통	미흡
	⑧소송관계인의 의견 및 진술을 경청하고 필요한 증거를 조사하는 등 실체적 진실 발견을 위해 소송지휘권을 적절히 행사한다	우수	보통	미흡
	⑨재판에 필요한 법률적인 소양을 충분히 갖추거나, 판결문이 논리적이고 충분한 이유를 설명하고 있다	우수	보통	미흡
	⑩개정시간이나 고지된 재판시각을 준수하고, 소송관계인이 부당하게 오랜 시간 대기하는 불편을 주지 않는다	우수	보통	미흡
구체적 사례				
기타 의견				
평가 구분	○ "우수" : 평가문항 내용에 적극 부합하여 다른 법관의 모범이 되는 경우 / "보통" : 평가문항 내용에 배치되지 않고 무난한 경우 / "미흡" : 평가문항 내용에 배치되어 법관으로서의 업무수행이 부적절하거나 미흡한 경우 ○ "미흡"으로 평가하는 경우 가급적 구체적 사유를 기재하여 주시기 바랍니다. ○ 구체적 사례 및 기타 의견 작성 시, 별지에 기재하여 첨부하셔도 좋습니다.			

(3) 평가결과

2011년 전체 7,933명의 회원 중 제4차 법관평가의 참여 회원수는 395명이고 총 2,555건의 평가건수 중 무효건수를 제외한 유효평가건수는 2,516건이었다. 전국 법관 2,636명 중 1회 이상 평가를 받은 법관의 수는 939명이고, 5회 이상의 유효평가대상 법관수는 161명이었다.

전체 법관의 평균점수는 73.9점이었고, 유효평가대상 법관의 평균점수는 73.5점이었으며, 상위법관 10인의 평균점수는 98.1점, 하위법관 9인의 평균점수는 38.1점이었다. 최고점수인 100점 만점을 받은 법관이 3인이나 나온 반면, 최하위법관의 점수는 23.3점이었다.

마. 2012년 제5차 법관평가

(1) 평가방법

2012년도 제5차 법관평가의 평가방법은 제4차 법관평가 방법과 달라진 내용이 없다.[23]

---

23 이러한 법관평가방법의 변화 양태는 서울지방변호사회 집행부가 2년 단위로 교체되고 있다는 점과 밀접한 관련성이 있는 것으로 보인다.

(2) 평가항목

2012년 법관평가표

평가대상	법　원	
	재판부	
	판사명	

수임사건	법　원	
	사건번호	
평가일		년　월　일
평가자		(인)

항　목	문　　　항	평　가		
공정	①소송관계인 일방을 편들거나 사회적·경제적 지위 등에 따른 차별대우를 하지 않는다	우수	보통	미흡
	②예단 또는 선입견을 가지거나 감정을 드러내면서 재판하지 않는다	우수	보통	미흡
	③조정, 화해, 자백, 합의 등을 사실상 강요하는 말을 하거나 이에 불응하면 불이익을 줄 듯한 태도를 취하지 않는다	우수	보통	미흡
	④증거신청이나 증인신문 등 소송관계인의 신청을 부당하게 제한하지 않는다	우수	보통	미흡
품위·친절	⑤반말이나 반말 투의 말, 고압적이거나 모욕적인 말을 사용하지 않는다	우수	보통	미흡
	⑥소송관계인에게 친절하고 정중하게 대한다	우수	보통	미흡
직무능력	⑦필요한 기록내용 또는 쟁점을 파악하고 재판에 임한다	우수	보통	미흡
	⑧소송관계인의 의견 및 진술을 경청하고 필요한 증거를 조사하는 등 실체적 진실 발견을 위해 소송지휘권을 적절히 행사한다	우수	보통	미흡
	⑨재판에 필요한 법률적인 소양을 충분히 갖추거나, 판결문이 논리적이고 충분한 이유를 설명하고 있다	우수	보통	미흡
	⑩개정시간이나 고지된 재판시각을 준수하고, 소송관계인이 부당하게 오랜 시간 대기하는 불편을 주지 않는다	우수	보통	미흡
구체적 사례				
기타 의견				
평가 구분	○ "우수" : 평가문항 내용에 적극 부합하여 다른 법관의 모범이 되는 경우 / "보통" : 평가문항 내용에 배치되지 않고 무난한 경우 / "미흡" : 평가문항 내용에 배치되어 법관으로서의 업무수행이 부적절하거나 미흡한 경우 ○ "미흡"으로 평가하는 경우 가급적 구체적 사유를 기재하여 주시기 바랍니다. ○ 구체적 사례 및 기타 의견 작성 시, 별지에 기재하여 첨부하셔도 좋습니다.			

(3) 평가결과

2012년 9,128명의 회원 중 제5차 법관평가의 참여 회원수는 460명이었다. 총 2,686건의 평가건수 중 무효건수 7건을 제외한 유효평가건수는 2,679건이었다. 전국 법관 2,738명 중 1회 이상 평가를 받은 법관의 수는 978명이고, 5회 이상의 유효평가대상 법관수는 174명이었다.

전체 법관의 평균점수는 74.86점이었고, 유효평가대상 법관의 평균점수는 75점이었으며, 상위법관 10인의 평균점수는 97.54점, 하위법관 10인의 평균점수는 42.53점이었다. 최고점수인 100점 만점을 받은 법관은 1인이 나왔고, 최하위법관의 점수는 27.62점이었다.

바. 2013년 제6차 법관평가

(1) 평가방법

2013년도 제6차 법관평가의 평가방법에 있어서 가장 획기적인 변화는 법관평가방식이 종래의 종이평가방식에서 종이평가와 온라인평가를 병행하는 방식으로 변경된 것이다. 이러한 평가방식의 변화는 뒤에서 보듯이 법관평가 참여회원의 수를 비약적으로 증가시키는 결과를 가져왔다. 온라인 평가방식이 추가적으로 도입됨에 따라 위원회규정에서 법관평가기간에 관한 부분을 삭제하고,[24] 평가방법 역시 회원의 평가결과를 취합 및 분석하는 방법과 위원회가 정하는 방법으로 2원화되어 있던 것을 위원회가 정하는 방법으로 통일시켰다.[25]

2013년 법관평가제도 운영에 있어서 또 하나 중요한 사항은 「법관평가 결과 공개에 관한 지침」[26]을 제정하여 우수법관과 하위법관의

---

24 온라인평가는 언제 어디서든 회원이 인터넷에 접속하면 법관평가가 가능한 시스템을 도입한 것이기 때문에 반드시 1년에 1차례만 평가하는 것을 전제로 하지 않는 수시평가체제로의 전환을 의미한다. 이 점에서 평가기간을 삭제한 것이지만, 그럼에도 불구하고 현재까지의 법관평가실무는 여전히 연 1회 평가에 집중되어 있다.

25 이상 2014. 1. 13. 개정된 위원회규정 제7조.

26 2013년 법관평가와 관련하여 서울지방변호사회와 대법원은 첨예하게 대립하

요건 및 공개요건기준을 객관화하고 우수법관 및 하위법관에 대한 법
관평가 결과를 각 해당 법관에게 직접 전달하는 제도를 다시 시행하게
되었다는 점이다.[27] 2014년 5월 7일부터 시행된 「법관평가 결과 공개
에 관한 지침」은 평가기준연도에 5회 이상의 평가를 받은 법관 중 법
관평가 점수가 95점 이상인 자를 '우수법관'으로,[28] 서울지방변호사회
개인회원의 10% 이상이 참여한 법관평가에서 10회 이상의 평가를 받
은 법관 중 법관평가 점수가 평균점수에 현저히 미달한 자로서 법관평
가 점수가 가장 낮은 순서부터 5위 이내에 해당되는 자를 '하위법관'으
로[29] 각 규정하고 이들의 이름, 점수, 순위, 소속법원 및 구체적 사례
등을 회원 및 언론 등에 공개할 수 있는 근거를 마련하였다.

　법관평가의 결과 전체를 법원행정처장에게 전달하는 것은 종전과
동일하였지만, 우수법관이나 낮은 평가를 받은 법관 및 소속 법원장에
대해서 직접 해당 법관의 구체적인 사례와 함께 해당 법관에 대한 평
가 결과를 우편으로 전달하도록 하는 부분은 새로 마련된 지침에서 제
도적으로 시행하게 된 것이고, 이와 더불어 위 지침을 통하여 비로소
평가를 받은 법관의 명단 등 공개에 관한 기준을 마련한 것에 의의가
있다고 할 수 있다. 즉 우수법관에 대해서는 다음 해 1월에 이름, 점

였다. 그 이유는 서울지방변호사회에서 법관평가 결과가 법관인사에 전혀 반
영되지 않고 있는 문제점을 들어 평가 결과, 현저하게 낮은 점수를 받은 법관
의 명단을 공개하겠다는 입장을 표명하였기 때문이다. 이후 대법원 측과의
협의를 통하여 명단 공개는 보류하는 대신 서울지방변호사회와 서울중앙지방
법원이 소송절차개선연구협의회를 구성하기로 하였고, 서울지방변호사회는
법관평가의 공개에 관한 객관적 기준을 지침의 형식으로 마련하게 되었다.
즉 2013년도 법관평가에 따른 후속조치(우수·하위법관 선정 및 당사자 통지
등)는 해당 지침의 내용과 같이 시행하고, 그 시행 결과를 반영하여 지침을
제정하게 된 것이다.

27 종전 2010년도 법관평가에서 상위법관 선정자 전원과 하위법관 선정자 중 평
　균 평가점수 50점 미만인 법관에게 그 결과를 전달한 바 있다.
28 지침 제2조 제1항.
29 지침 제2조 제2항.

수, 순위, 소속 법원 및 구체적 사례 등을 회원 및 언론 등에 공개할
수 있도록 규정하면서,[30] 하위법관을 공개하려면 위에서 본 것처럼 ①
서울회 개인회원의 10% 이상이 참여한 법관평가일 것, ② 3년 연속
하위법관으로 선정되었을 것, ③ 해당 하위법관에게 일주일 이상의 기
간을 두고 소명의 기회를 부여할 것, ④ 상임이사회에서 공개 여부를
의결할 것 등의 요건을 충족하는 경우에만 하위법관을 공개할 수 있도
록 하였다.[31] 다만, 위 지침은 이 요건을 모두 충족하는 경우라고 하더
라도 서울지방변호사회 집행부의 재량적 판단에 따라 하위법관을 공
개하지 않을 수도 있도록 규정하고 있다. 지침의 문언만으로는 이 공
개의 범위가 익명이나 이니셜을 공개하는 것까지 금지하는 것인지 여
부가 명확하지 않다. 지침의 취지로 미루어 본다면 해당 하위법관이
누구인지를 누구나 쉽게 알 수 있는 정도로 특정하지 않는 이상 익명
이나 이니셜로 공개하는 것만으로는 위 공개지침을 어기는 것은 아니
라고 할 것이다.

　　한편 3년 연속 하위법관에 선정되지 않아 명단공개 요건을 충족하
지 못하는 하위법관의 경우 다음 해 1월 그 구체적 사례 등을 회원 및
언론 등에 공개할 수 있도록 하였고, 위와 같은 우수법관이나 하위법
관에 해당하지 아니하는 경우에도 예외적인 사유 ― 예를 들어 법관
혹은 법관이었던 자가 인사청문회법상 공직후보자가 된 경우 ― 가 있
으면, 그 인사청문회가 실시되기 전에 해당 법관의 평가결과를 상임이
사회의 의결을 거쳐 회원이나 언론 및 국회 등에 공개할 수 있도록 규
정한 것이다.[32]

---

30 이는 종래의 우수법관 공개실무를 그대로 지침에 반영한 것으로서, 우수법관
　　공개에는 별다른 문제제기가 없었던 이상, 위 지침의 문언에서 공개 여부를
　　재량으로 결정할 수 있도록 규정한 부분은 큰 의미를 갖지 않는다.
31 지침 제6조.
32 지침 제7조.

이러한 제도를 시행하게 된 취지는 "대법원이 서울변회가 자료를 제출해도 인사정책에 전혀 반영하지 않겠다는 태도를 취하는 등 미온적인 반응으로 일관하자 법관 개개인에게 재판의 피드백(feed back)을 요구하는 것"이라는 평가를 받았다.

(2) 평가항목

2013년 법관평가표

	법 원	
평가대상	재판부	
	판사명	

수임사건	법 원	
	사건번호	
평가일		년 월 일
평가자		(인)
평가자 생년월일		

항 목	문 항	평 가		
공정	①소송관계인 일방을 편들거나 사회적·경제적 지위 등에 따른 차별대우를 하지 않는다	우수	보통	미흡
	②예단 또는 선입견을 가지거나 감정을 드러내면서 재판하지 않는다	우수	보통	미흡
	③조정, 화해, 자백, 합의 등을 사실상 강요하는 말을 하거나 이에 불응하면 불이익을 줄 듯한 태도를 취하지 않는다	우수	보통	미흡
	④증거신청이나 증인신문 등 소송관계인의 신청을 부당하게 제한하지 않는다	우수	보통	미흡
품위·친절	⑤반말이나 반말 투의 말, 고압적이거나 모욕적인 말을 사용하지 않는다	우수	보통	미흡
	⑥소송관계인에게 친절하고 정중하게 대한다	우수	보통	미흡
직무능력	⑦필요한 기록내용 또는 쟁점을 파악하고 재판에 임한다	우수	보통	미흡
	⑧소송관계인의 의견 및 진술을 경청하고 필요한 증거를 조사하는 등 실체적 진실 발견을 위해 소송지휘권을 적절히 행사한다	우수	보통	미흡
	⑨재판에 필요한 법률적인 소양을 충분히 갖추거나, 판결문이 논리적이고 충분한 이유를 설명하고 있다	우수	보통	미흡
	⑩개정시간이나 고지된 재판시각을 준수하고, 소송관계인이 부당하게 오랜 시간 대기하는 불편을 주지 않는다	우수	보통	미흡
구체적 사례				
기타 의견				
평가 구분	○ "우수" : 평가문항 내용에 적극 부합하여 다른 법관의 모범이 되는 경우 / "보통" : 평가문항 내용에 배치되지 않고 무난한 경우 / "미흡" : 평가문항 내용에 배치되어 법관으로서의 업무수행이 부적절하거나 미흡한 경우 ○ "미흡"으로 평가하는 경우 가급적 구체적 사유를 기재하여 주시기 바랍니다. ○ 구체적 사례 및 기타 의견 작성 시, 별지에 기재하여 첨부하셔도 좋습니다.			

(3) 평가결과

2013년 전체회원 수 10,476명 중 제6차 법관평가 참여 회원수는 1,104명이었고, 총 4,659건의 평가건수 중 무효건수를 제외한 유효평가 건수는 4,619건이었다. 전국 법관 2,776명 중 1회 이상 평가를 받은 법관의 수는 1,578명이고, 5회 이상의 유효평가대상 법관수는 274명이었다.

전체 법관의 평균점수는 72.44점이었고, 유효평가대상 법관의 평균점수는 74점이었으며, 100점 만점을 받은 법관 2인을 포함한 '95점 이상 평가법관'의 수는 14인, 최하점수인 21.76점을 받은 법관 1인을 포함한 '50점 미만 평가법관'의 수는 29인으로 나타났고, 평균점수는 각 96.88점과 40.20점으로 나타났다.

사. 2014년 제7차 법관평가

(1) 평가방법

2014년 제7차 법관평가는 평가항목은 종전과 마찬가지로 유지하되 평가척도는 다시 5점 척도[33]로 환원하고 하위법관이 아니더라도 10회 이상의 평가를 받은 법관 중 법관평가 점수가 평균점수에 현저히 미달한 자로서 법관평가 점수가 가장 낮은 순서부터 5위 이내에 해당되는 자에 대하여 구체적인 사례와 함께 당해 법관 및 당해 법관이 소속된 법원의 법원장에게 당해 법관의 법관평가 결과를 우편으로 전달할 수 있도록 하는 내용을 신설하였다.[34]

---

33 매우 그렇다 > 그렇다 > 보통이다 > 그렇지 않다 > 전혀 그렇지 않다.
34 2015. 1. 5. 개정된 「법관평가 결과 공개에 관한 지침」 제6조 제5항.

(2) 평가항목

2014년 법관평가표

평가대상	법 원	
	재판부	
	판사명	

수임사건	법 원	
	사건번호	
평가일	년 월 일	
평가자	(인)	
평가자 생년월일		

문 항	평 가				
①시간을 잘 준수하였고, 그렇지 아니하더라도 충분히 납득할 수 있었다.	매우 그렇다	그렇다	보통 이다	그렇지 않다	전혀 그렇지 않다
②소송관계인을 예절로써 대하였고, 충분히 배려하였다.	매우 그렇다	그렇다	보통 이다	그렇지 않다	전혀 그렇지 않다
③강압적·위압적 언행이나 행동을 부당하게 행사하거나, 부적절한 행동을 하지 않았다.	매우 그렇다	그렇다	보통 이다	그렇지 않다	전혀 그렇지 않다
④소송지휘권을 행사함에 있어 태도나 언어 사용, 방법, 절차나 결정 내용, 대응 방법 등이 적정하였다.	매우 그렇다	그렇다	보통 이다	그렇지 않다	전혀 그렇지 않다
⑤당사자의 변론권을 충분히 보장하였고, 소송지휘권을 공정·공평·무사하게 행사하였다.	매우 그렇다	그렇다	보통 이다	그렇지 않다	전혀 그렇지 않다
⑥사건관리가 정확하고, 쟁점파악이 우수하며 시의적절하게 석명권을 행사하여 재판진행이 원활하였다.	매우 그렇다	그렇다	보통 이다	그렇지 않다	전혀 그렇지 않다
⑦변론종결 과정과 변론재개 과정이 합리적이며 충분히 납득할 수 있었다.	매우 그렇다	그렇다	보통 이다	그렇지 않다	전혀 그렇지 않다
⑧조정·화해 과정이 건설적이었으며 충분히 납득할 수 있었다.	매우 그렇다	그렇다	보통 이다	그렇지 않다	전혀 그렇지 않다
⑨선고 결과와 판결문 기재 내용에 충분히 납득하였다.	매우 그렇다	그렇다	보통 이다	그렇지 않다	전혀 그렇지 않다
⑩만약 다른 사건에 관한 재판을 할 법관을 선택할 수 있다면, 위 법관에게 재판을 받길 원한다.	매우 그렇다	그렇다	보통 이다	그렇지 않다	전혀 그렇지 않다

구체적 사례	
기타 사례	
비 고	○구체적 사례 및 기타 사례 작성 시, 별지에 기재하여 첨부하셔도 좋습니다.

(3) 평가결과

2014년 제7차 법관평가에는 전체회원 11,681명 중 945명의 회원이 참여하였고, 총 5,783건의 평가건수 중 무효건수 112건을 제외한 유효평가건수는 5,671건이었다. 전국 법관 2,795명 중 1회 이상 평가를 받은 법관의 수는 1,741명이고, 5회 이상의 유효평가대상 법관수는 349명이었다.

전체 법관의 평균점수는 73.20점이었고, 유효평가대상 법관의 평균점수는 72.30점이었으며, '95점 이상 평가법관'으로는 6인이 선정되었고 그들의 평균점수는 96.30점, '50점 미만 평가법관'으로는 16인이 선정되었고 이들의 평균점수는 46.13점이었다. 최고점수는 97점으로 100점 만점을 받은 법관은 한 사람도 없었고, 최하위법관의 점수는 12.91점이었다.

아. 2015년 제8차 법관평가

(1) 평가방법

2015년 제8차 법관평가는 「법관평가 결과 공개에 관한 지침」의 내용도 일부 수정되어[35] 하위법관 선정 요건 중 회원 10% 이상이 참여한 법관평가의 요건을 삭제하고,[36] 하위법관의 명단공개 요건을 2년 연속 하위법관으로 선정된 경우로 완화하는 대신,[37] 종전 제6조 제5항을 제2항과 통합하면서 하위법관의 요건에 해당하지 않더라도 이름, 점수, 순위, 소속법원 및 구체적 사례 등을 공개해야 할 특별한 사정이 인정되는 경우에는 공개할 수 있는 근거규정을 마련하였으며,[38] 공개 요건에 해당하지 아니하는 하위법관이라 하더라도 그 구체적 사례 등을 회원 및 언론 등에 공개할 수 있도록 하되, 이 경우에는 그 실명은

---

35 2015. 3. 17. 개정.
36 지침 제2조 제2항.
37 지침 제6조 제2항.
38 위 같은 항.

공개할 수 없도록 하였다.[39] 한편 하위법관으로 선정된 자에 대한 법관평가 결과의 전달을 임의적인 것으로 개정하였다.[40] 이와 같이 개정하게 된 이유는 개인회원 10% 참여율을 전제로 하고 있는 하위법관 해당 여부와 상관없이 법관평가의 결과 통지의 필요성이 인정되는 경우에 그 결과통지의 근거를 마련하고자 함과 회원의 10%가 참여한 법관평가만 하위법관 선정이 가능하도록 하는 제한은 매년 회원 수가 급증하고, 회원 1인당 월간 수임사건 수가 평균 2건에 미달하는 현실을 고려할 때 동 제도의 원래 취지를 퇴색시킬 수 있다는 점, 법관의 인사이동으로 인해 3년 연속 하위법관으로 지정될 확률이 희박하다는 점 등을 반영할 필요성이 있었기 때문이다.

한편 아래에서 보듯이 그 참여율, 평가대상 법관수, 유효평가대상 법관수 등이 현저하게 높아지고 늘어난 점도 2015년 법관평가가 보여준 주목할 만한 양상이다.

---

39 지침 제6조 제4항.
40 지침 제6조 제1항.

(2) 평가항목

2015년 법관평가표

평가대상	법 원	
	재판부	
	판사명	

수임사건	법 원	
	사건번호	
평가일		년 월 일
평가자		(인)
평가자 생년월일		

문　　　　항	평　　　가				
①시간을 잘 준수하였고, 그렇지 아니하더라도 충분히 납득할 수 있었다.	매우 그렇다	그렇다	보통 이다	그렇지 않다	전혀 그렇지 않다
②소송관계인을 예절로써 대하였고, 충분히 배려하였다.	매우 그렇다	그렇다	보통 이다	그렇지 않다	전혀 그렇지 않다
③강압적·위압적 언행이나 행동을 부당하게 행사하거나, 부적절한 행동을 하지 않았다.	매우 그렇다	그렇다	보통 이다	그렇지 않다	전혀 그렇지 않다
④소송지휘권을 행사함에 있어 태도나 언어 사용, 방법, 절차나 결정 내용, 대응 방법 등이 적정하였다.	매우 그렇다	그렇다	보통 이다	그렇지 않다	전혀 그렇지 않다
⑤당사자의 변론권을 충분히 보장하였고, 소송지휘권을 공정·공평·무사하게 행사하였다.	매우 그렇다	그렇다	보통 이다	그렇지 않다	전혀 그렇지 않다
⑥사건관리가 정확하고, 쟁점파악이 우수하며 시의적절하게 석명권을 행사하여 재판진행이 원활하였다.	매우 그렇다	그렇다	보통 이다	그렇지 않다	전혀 그렇지 않다
⑦변론종결 과정과 변론재개 과정이 합리적이며 충분히 납득할 수 있었다.	매우 그렇다	그렇다	보통 이다	그렇지 않다	전혀 그렇지 않다
⑧조정·화해 과정이 건설적이었으며 충분히 납득할 수 있었다.	매우 그렇다	그렇다	보통 이다	그렇지 않다	전혀 그렇지 않다
⑨선고 결과와 판결문 기재 내용에 충분히 납득하였다.	매우 그렇다	그렇다	보통 이다	그렇지 않다	전혀 그렇지 않다
⑩만약 다른 사건에 관한 재판을 할 법관을 선택할 수 있다면, 위 법관에게 재판을 받길 원한다.	매우 그렇다	그렇다	보통 이다	그렇지 않다	전혀 그렇지 않다
구체적 사례					
기타 사례					
비 고	○구체적 사례 및 기타 사례 작성 시, 별지에 기재하여 첨부하셔도 좋습니다.				

(3) 평가결과

2015년 제8차 법관평가는 전체회원 12,758명 중 1,452명이 참여
하였다. 평가건수는 8,400건이었고 무효평가건수가 57건이어서 유효평
가건수는 8,343건으로 집계되었다. 평가대상 법관은 전체법관 2,851명
중 1,782명이었고 5회 이상 평가를 받은 유효평가대상 법관수는 556명
이었다. 2015년의 법관평가는 회원 참여율과 평가건수, 유효평가대상
법관 비율 등 모든 부문에서 역대 최고를 기록하였다. 95점 이상의 우
수법관은 8명으로 평균점수는 97.29점이었고 100점 만점자가 1명이었
다. 50점 미만 법관은 18인으로 평균점수는 41.19점이었고 최하위점수
는 22.08점이었다.

3. 서울회 법관평가제도의 성과 평가

가. 평가결과의 분석과 정리

법관평가의 결과를 분석함에 있어서 이 연구서는 법관평가 주체
측면에서의 분석과 법관평가 상대방 측면에서의 분석이라는 두 가지
측면에서 분석을 하여 보았다. 평가의 주체는 변호사이고 평가의 상대
방은 법관이다. 이러한 분석은 법관평가에 참여하는 변호사들에 대한
평가와 법관평가제도가 법관들에게 어떤 영향을 미쳤는지 여부를 판
단할 수 있게 해 줄 것이다.

2008년부터 2015년까지 8차례에 걸쳐 이루어진 법관평가의 결과
를 종합적으로 정리하여 볼 때 법관평가 주체의 측면에서나 평가대상
법관의 측면에서 모두 비약적인 양적 증가추세를 보여주고 있다. 그러
나 이러한 양적 증가가 질적 향상으로 이어지고 있는 것인지 여부에
관하여는 아직 분명하지 않다. 이하에서 차례대로 살펴보도록 한다.

(1) 법관평가 주체의 측면

㈎ 법관평가 참여 주체의 양적 증가

법관평가 접수건수는 계속적으로 증가하는 추세이다. 특히 2013
년부터 법관평가 접수건수의 증가양태가 급격한 상승세를 보이고 있
다. [그림 1]에서 다른 어느 그래프보다 법관평가 접수건수 그래프의
기울기가 급격하게 커지고 있음을 볼 수 있다. 2015년의 법관평가증가
세는 주목할 만하다. 이는 법관평가가 서울회의 특정한 집행부에 따라
크게 좌우되지 아니하고 이미 하나의 제도로 정착하였음을 보여주는
것이라고 할 것이다.

　　그러나 서울회 개업회원수가 해마다 증가하고 있다는 사정을 고
려한다면, 회원들의 법관평가 참여가 늘었다고 판단할 수는 없다.

　　서울회 전체 개업회원 중 법관평가 참여회원의 비율을 살펴보면
[그림 2]와 같은 추이를 보여준다. 회원들의 법관평가 참여율은 2009년
이후 2011년까지 계속 떨어지다가 2012년의 정체를 거쳐 2013년과 2015
년에 비약적인 증가세를 보이고 있다. 2014년의 법관평가 참여율은 전

[그림 1] 법관평가 접수건수 추이

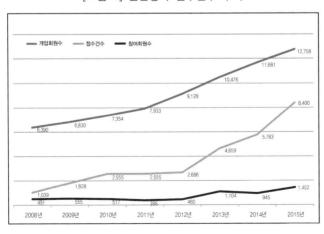

[그림 2] 개업회원 중 법관평가 참여회원의 비율

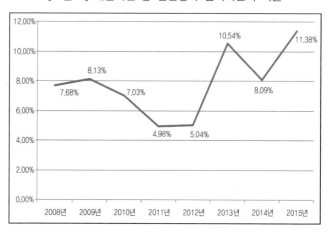

년인 2013년과 대비하면 낮아졌지만 그 이전의 참여율과 비교하면 현저히 높은 비율이다.

2012년의 정체를 포함하여 2010년, 2014년 등 2년 주기로 참여율이 전년 대비 정체하거나 낮아지는 경향은 서울회 임원의 임기와 밀접한 관련이 있는 것으로 보인다. 즉 법관평가가 연말에 집중적으로 이루어지게 되는데 이 시기가 2년마다 실시되는 서울회 임원선거 기간과 겹치다보니 회원들이 법관평가에 대한 관심이 떨어지거나, 집행부의 법관평가참여 독려가 느슨해지는 점이 원인으로 보이는 것이다.

이러한 사정을 고려한다면, 서울회의 법관평가 8년의 성과는 이제 제도적으로 정착 단계에 접어들었다고 평가할 수 있다.

전체 법관평가 접수건수가 계속 늘어나는 반면, 참여회원 1인당 법관평가 접수건수는 2011년까지는 상승추세를 보이다가 2011년을 기점으로 정체 내지 하향화 경향을 보이고 있다.

[그림 3] 참여회원 1인당 접수건수의 추이

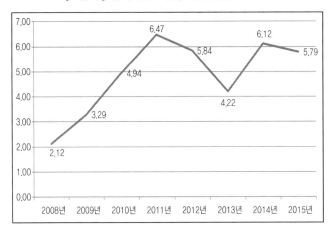

[그림 3-1] 2011년 이후 참여회원 1인당 접수건수 추이

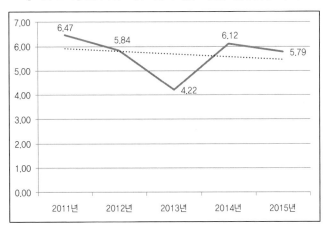

　　참여회원 1인당 법관평가건수가 줄어드는 경향을 '추세'라고 판단하기는 아직 성급하지만, 계속적으로 그 추이를 주의깊게 관찰함과 아울러 그 원인을 찾아볼 필요가 있다. 우선 생각해볼 수 있는 원인은 회원들이 수임하는 사건수가 줄어들게 됨에 따라 평가할 수 있는 법관의

[그림 4] 회원 1인당 연간 경유건수와 법관평가 참여회원 1인당 평가건수 대비

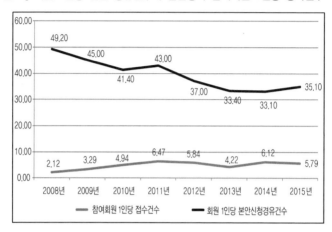

수가 줄어드는 것이 아닌가 생각해볼 수 있다. 그러나 양자 사이에 함수
적 비례관계는 아직 발견하기 어렵다. 다만 2010년부터 2014년까지는
수임사건수의 감소와 1인당 법관평가 건수의 감소가 같은 방향으로 나
타났다는 점에서 양자의 관계가 전혀 무관한 것은 아니라고 볼 수 있다.
　　흥미로운 것은 [그림 2]와 [그림 3]의 비교이다. 다음의 [그림 5]
가 그것인데 이 [그림 5]를 보면, 2009년을 제외하고는 법관평가 참여
율, 즉 전체회원 중 법관평가 참여회원의 비율과 참여회원 1인당 법관
평가건수가 반대방향으로 움직인다는 점을 알 수 있다. 즉 전체회원
중 상대적으로 많은 회원이 참여하는 법관평가일수록 해당 평가에서
평가를 받는 법관의 수는 적어진다는 것이다. 많은 회원이 법관평가에
참여하는 것이 반드시 법관평가의 양적 증가를 가져오는 것은 아니라
는 점을 보여준다. 법관평가에 관한 일반적인 관점은 많은 회원이 참
여하여 많은 평가가 접수될수록 법관평가의 신뢰도를 높일 수 있다는
것이다. 그렇다면 참여율과 평가건수가 비례적으로 증가하는 그래프형
이 가장 바람직한 형태라고 할 것이다. 현실이 그렇지 못하다면, 많은

회원의 참여와 참여회원의 많은 평가 중 어느 편을 선택하여 법관평가
의 신뢰도를 높일 것인지 정책적 판단이 필요하다고 할 것이다.

[그림 5] 법관평가 참여율과 참여회원 1인당 법관평가건수 추이의 비교

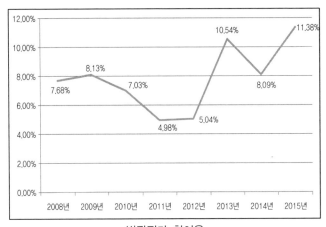

법관평가 참여율

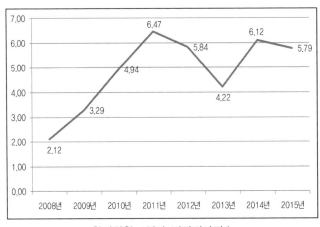

참여회원 1인당 법관평가건수

(나) 법관평가주체의 질적 문제

접수건수와 비교한 무효건수의 비율은 추세적으로는 하향하고 있으나, 2013년과 2014년에는 증가현상을 보인 후 2015년에 다시 낮아지는 양상을 보이고 있다. 2015년에 무효건수의 비율이 일단 낮아진 점은 긍정적인 신호라고 볼 수 있으나, 2015년의 무효건수 하향화 현상이 향후 추세로 접어들 수 있을 것인지 여부에 대해서는 보다 면밀한 추가적 관찰이 필요하다.

최고의 지성을 자부하는 변호사 회원들의 평가에서 무효건수가 증가하는 문제는 심각하게 받아들여야 할 문제라고 할 수 있다. 무효건수란 ① 한 회원이 동일한 사건에 관하여 중복하여 평가를 한 경우, 또는 ② 공동수행한 하나의 사건을 공동수행한 회원들이 각자 평가한 경우도 포함하지만, ③ 평가의 형식적 요건을 흠결한 경우도 있다. ①과 ③의 경우는 법관평가방법을 제대로 숙지하지 못한 것이 주된 원인일 것이라는 점에서 바람직한 현상이라고 보기 어렵다. 무효건수 중

[그림 6] 법관평가 접수건수 중 무효건수의 비율 추이

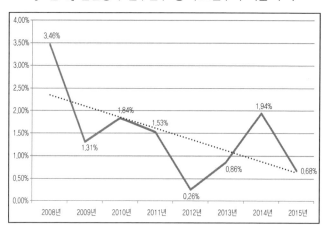

[그림 7] 법관평가 접수건수와 무효건수 추이의 대비

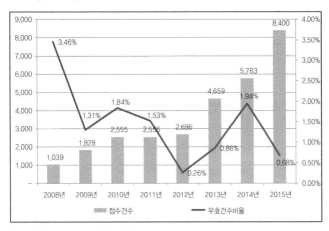

②의 경우와 ① 및 ③의 경우가 어느 정도인지를 분석할 필요가 있었으나 지금까지의 법관평가자료에서 이러한 분석의 틀이 적용되지 아니하여 무효건수 중 ②를 제외하고 ①과 ③의 경우가 어느 정도나 되는지 여부[41]에 관한 분석이 제대로 이루어질 수 없었던 아쉬움이 있다.

2013년과 2014년에 무효건수가 급증한 원인이 무엇이었는지는 명확하지 않다. 접수건수의 증가와 무효건수 사이에 관련성이 있다고 판단하기에는 아직 성급하다고 할 수 있다. 2012년부터 2014년까지는 접수건수의 증가와 무효건수의 증가가 나란한 양상을 보였지만 2015년에 접수건수가 급격히 늘어났음에도 불구하고 무효건수의 비율이 반대로 현저하게 낮아진 점을 고려하여야 한다. 2008년부터 2012년까지의 양상 역시 법관평가건수가 증가하더라도 무효건수가 같은 방향으로 증가한 것은 아니었다는 현상도 역시 접수건수의 증가와 무효건수의

---

41 ②의 경우는 공동수행한 회원 각자가 법관평가에 적극적으로 참여한 데에서 비롯된 결과라는 점에서 회원수가 늘어나고 공동수행하는 사건이 늘어나는 경향에 따른 불가피한 상황이라고 볼 수 있는바, 이 경우는 문제가 되지 않는다고 보았다.

[그림 8] 2012~2014 개업회원수 증가와 무효건수 비율의 관계

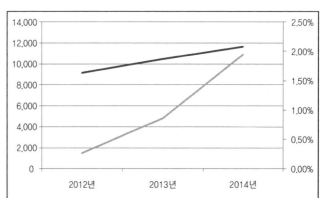

증가 사이에 어떤 관련성이 있다고 보기는 어려운 양상이다.

이 연구에서는 2013년과 2014년에 서울회 개업회원수의 증가현상과 무효건수 비율의 증가현상이 같은 방향을 보이고 있다는 점에 주목하였다. 이 양상은 개업회원수의 양적 증가가 평가주체의 질적 저하와 밀접한 관련이 있다고 볼 수 있는 단서가 된다.

개업회원수의 양적 증가가 평가주체의 질적 저하와 밀접한 관련이 있다는 분석에 대한 반대양상은 2012년과 2015년에는 개업회원 증가율이 높았음에도 무효건수 비율이 낮았다는 점이다. 전년 대비 개업회원 증가율은 2012년이 15.06%, 2013년이 14.77%, 2014년이 11.5%에 달한다. 2012년에 개업회원 증가율이 가장 높았음에도 그 해의 무효건수 비율이 2013년이나 2014년에 비하여 높지 않았던 원인은 개업회원수의 증가에 비하여 현저하게 낮은 법관평가 참여율[42]에서 그 원인을 찾을 수 있다. 법관평가에 참여한 회원의 수가 적었기 때문에 양

---

42 2012년의 법관평가 참여율은 5.04%인 반면 2013년의 법관평가 참여율은 10.54%, 2014년의 법관평가 참여율은 8.09%에 달한다.

적 증가로 인한 질적 저하가 드러나지 않았다는 것이다. 한편 2015년에
는 법관평가 참여율이 11.38%에 달하였음에도 무효건수 비율이 0.68%
로 2014년에 비하여 현저하게 낮아졌다. 그 원인은 우선 2015년의 개
업회원 증가율이 9.22%에 그친 점과 2013년과 2014년에 새로 입회한
회원들이 법관평가에 어느 정도 익숙해진 점을 그 원인으로 추측해 볼
수 있다.

물론 이러한 분석이 정확하다고 판단하려면 2015년 이후의 법관
평가 양상이 2013년~2014년 사이의 양상을 나타낼 것인지 아니면
2015년과 같이 감소하는 양상을 나타낼 것인지 여부를 지켜보아야 할
것이다. 적어도 현재까지의 양상은 양적 증가는 질적 저하를 초래한다
는 일반적인 통념이 변호사들에게도 그대로 적용되고 있음을 보여준
다고 할 수 있다.

㈐ 평가의 일관성 결여

서울회 법관평가방법과 항목은 8개년 동안 무려 3차례나 변경되
었다. 우수법관과 하위법관의 분류기준 등 평가결과에 대한 기준도 일
관성을 유지하지 못하였다는 비판으로부터 자유롭지 못하다. 평가척도
역시 3점 척도와 5점 척도 사이에서 오락가락하여 다소 혼란스러운 모
습을 보인 바 있다. 그러나 현재는 5점 척도에 따른 평가가 어느 정도
정착된 것으로 평가할 수 있다.

법관 공개에 관하여도 초기에는 익명 공개에서 다음 해부터 우수
법관 공개, 하위법관 비공개 방침을 유지하다가 2014년에 이르러서야
법관평가공개에 관한 일반적인 기준[43]이 마련되기에 이르렀다. 그러나
이 지침 역시 제정 후 1년도 채 되지 못한 사이에 무려 두 차례나 개
정되었다.

---

43 서울지방변호사회 「법관평가 결과 공개에 관한 지침」.

(2) 평가대상 법관의 측면

(가) 평가대상 법관의 양적 증가

법관평가의 대상이 되는 법관의 수 역시 [그림 9]에서 보는 것처럼 해마다 증가추세를 보여주고 있다. 일단 평가대상이 된 법관의 수의 증가비율이 전체 법관수의 증가비율에 비하여 현저하게 높게 증가하였으며, 유효한 법관평가건수로 집계되는 5회 이상 평가를 받은 법관의 수 역시 전체 법관평가수의 증가추세에는 미치지 못하지만 지속적인 증가 추세를 보이고 있다. 특히 2015년에는 비약적 증가추세를 보여주었다.[44] 2015년의 유효 법관평가수 비율 증가세는 오히려 전체 법관평가수의 비율 증가세를 압도하고 있다. [그림 10]은 그 추이를 명확하게 보여주기 위하여 유효평가법관수 비율의 증가 추이만을 따로 표시

[그림 9] 전체법관수 · 1회 이상 평가법관수 · 유효 법관평가수 추이

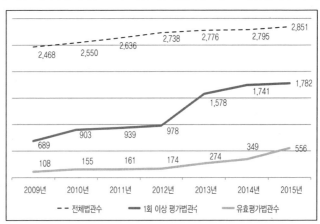

---

44 2008년 제1차 법관평가의 경우 평가방법의 차이로 인하여 5회 이상 평가를 받은 법관의 수를 확인할 수 없다. 당시에는 1회라도 평가를 받은 456명의 법관을 평가대상으로 삼았기 때문이다.

[그림 10] 전체 법관 대비 유효 법관평가수 비율 추이

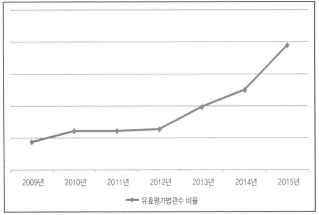

한 것이다. 이러한 평가법관수의 증가와 유효평가법관수의 증가현상은 서울회의 법관평가가 충분히 법관의 인사평정에 활용할 수 있는 도구로 자리잡아가고 있다는 점을 뒷받침하는 양상이라고 할 수 있다.

(나) 평가대상 법관의 질적 문제

8년간의 법관평가 평가결과 중 평가방식이 상이하였던 2008년을 제외한 나머지 7년간[45] 전체 유효평가법관의 점수분포의 양상은 다음 [그림 11]과 같다. 절대평가방식을 그대로 적용할 수는 없지만, 대체로 70점 이상의 구간에 많은 수의 법관이 분포하고 있음을 알 수 있다. 전반적으로 우리 법관의 자질이 우수하다고 볼 수 있는 부분이다.

---

45 2008년 제1차 법관평가의 경우 평가항목이나 각 평가항목별 배점방식, 상위법관·하위법관과 우수법관·문제법관을 선정하는 방식 등 그 이후의 법관평가방식과는 상당한 차이가 있어 하나의 분석기준을 적용할 수 없었다.

[그림 11] 2009~2015 유효평가법관 점수분포도

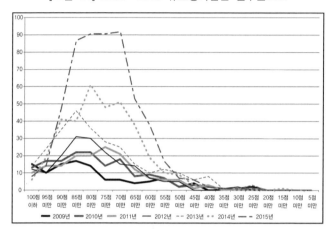

7개년의 유효평가법관 중 '95점 이상 평가법관'과 '50점 미만 평가법관'의 비율은 각각 다음과 같은 양상을 보여준다.

[그림 12-1] 유효평가법관 중 95점 이상 평가법관의 비율 추이

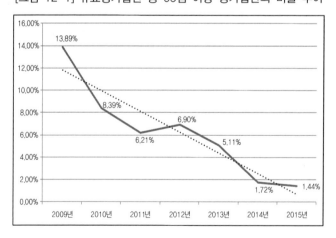

[그림 12-2] 유효평가법관 중 50점 미만 평가법관의 비율 추이

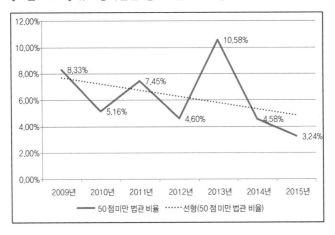

한편 각 연도별 유효평가법관들의 평균점수 분포는 다음과 같다.

[그림 13] 2009〜2015 유효평가법관 평균점수

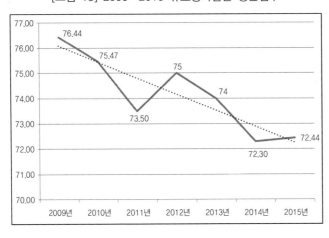

이상의 추이를 살펴보면 유효평가대상 법관 중 95점 이상을 받은 '우수법관'의 비율과 50점 미만의 점수를 받은 '하위법관'들의 비율은

물론 전체 법관의 평균점수 역시 연도별로 다소 차이가 있으나 전체적으로 낮아지고 있다는 점을 발견할 수 있다.

7개년간 전체 유효평가법관의 평균점수의 최고점과 최저점 차이가 100점 만점에 4점 정도에 불과하다는 점에서 평균점수의 하락이 그다지 의미 있는 경향이라고 보기는 어렵다. 마찬가지 관점에서 우수법관 비율의 감소 경향 역시 그다지 문제될 것은 아니라고 할 수 있다. 평균점수의 하락이나 우수법관의 비율이 줄어드는 원인은 명확하지 않으나, 법관들에 대한 회원들의 기대치가 그만큼 높아졌다고 볼 수 있다. 물론 이 부분은 앞으로 조금 더 추이를 지켜보아 하락 경향이 추세적인 것으로 확인된다면 법원에 대하여 대책마련을 촉구할 필요가 있을 것이다.

반면에 하위법관 비율의 하락 경향은 고무적이라고 할 수 있다. 추세적으로 하위법관의 비율이 줄어들고 있는 현상은 서울회의 법관평가가 법관들의 재판태도에 실질적인 영향을 미치고 있다는 점을 보여준다고 할 수 있기 때문이다.

나. 서울회 법관평가에 대한 외부의 반응

(1) 법원의 반응

서울회의 법관평가에 관하여 평가의 대상이 되는 법관들은 적어도 표면적으로는 부정적인 반응을 보이고 있다. 법관평가 실시에 즈음한 다음과 같은 언론보도[46]는 법관평가에 관한 법원의 시각을 잘 드러내고 있다.

---

46 http://news.donga.com/3/all/20081118/8659137/1(2016. 3. 4. 최종 방문).

서울변호사회-법원 갈등 위험 수위… 무슨일 있기에?

"법관 평가 실시" "평가능력 있나"
변호사회장 "편파재판" 항의에 "지나친 간섭" 비판도
11일 서울 모 법원의 민사재판 법정.

A건설사(피고)가 예식장을 짓다 인부 3명이 사고로 숨지자 예식장 사장(원고)이 A건설사를 상대로 "예식장 영업 손실을 물어내라"며 손해배상을 청구한 사건의 재판이 진행됐다.

피고와 원고 측이 대립하는 일반 민사재판과 달리 이 재판은 시작부터 재판장과 원고 측이 날카롭게 맞섰다.

원고 측은 "변론준비기일 때 손실액 감정을 신청했는데 재판장이 '돈이 썩어 나냐'는 막말과 함께 신청을 철회했다"고 주장했다. 재판부는 "권유였지 강압은 아니다"라고 반박했다.

원고 측은 '편파적인 재판부를 바꿔 달라'고 이미 기피신청을 낸 상황. 재판부가 신청을 받아들이지 않자 갈등은 극에 달했다.

재판 당사자들은 "재판 과정을 녹음해 놨다"고 고함을 쳤다. 법정 녹음은 엄연한 불법행위로 재판은 난장판이 됐다.

급기야 원고 측은 재판장과 피고 측의 변호사가 '특수관계'라는 의혹을 제기했다. 둘이 대학은 물론 사법연수원 동기 동창이며 판사 생활을 같이한 27년 지기라는 것.

이런 의혹을 접한 하창우 서울지방변호사회 회장은 이날 재판에 앞서 법원장을 찾아가 재판 진행에 항의의 뜻을 전달했다. 법정 싸움이 법원과 변호사회의 대립으로까지 번지게 된 것. 이 사건 재판은 17일 원고 측의 패소로 판결났다.

하 회장은 최근 서울고법의 다른 사건 재판에 대해서도 '편파 재판'이라며 서울고법원장을 찾아가기도 했다.

변호사회 회장이 개별 사건의 재판 문제로 법원장을 찾아간 것은 흔치 않은 일이다. 이 때문에 변호사들 사이에서도 "지나친 간섭 아니냐"는 비판이 나왔다.

하 회장은 "이런 변론권 침해를 막기 위해 '법관 평가제도'를 만들었고 조

만간 실시할 예정"이라고 밝혔다.

'법관 평가제도'란 변호사들이 1년에 두 차례씩 모든 판사를 평가하고 그 결과를 대법원에 알려 '불량 판사'를 가려내겠다는 것. △판사의 지식 △태도 △품성 △공정성 등에 대해 점수를 매기는 방식으로 미국과 일본 등지에서 실시하고 있다.

법원은 매우 불쾌하다는 반응이다. 법원 관계자는 "의견을 내는 것은 자유지만 변호사가 판사를 평가할 만큼 도덕성과 능력에 자신이 있는지 의문"이라고 말했다.

그는 또 "자기 이해관계를 우선시하는 변호사들이 개별 판사를 평가하는 것이 과연 공정한 평가가 되겠느냐"며 "오히려 헌법에 보장된 재판의 독립을 크게 해칠 우려가 크다"고 덧붙였다.

[2008. 11. 18. 동아일보]

이종식 기자 bell@donga.com

2009년 1월 법관평가 결과를 제출받은 대법원 역시 법관평가 결과를 법관인사에 반영하지 않을 것임을 분명히 했다.[47]

대법원 "법관평가 결과, 참고 안해"

대법원(사진)은 서울지방변호사회가 사법사상 처음 만들어 제출한 법관평가 결과에 대해 "보관은 하되 인사 자료로 쓰지 않겠다"고 선언했다. 서울변회가 이런 자료를 만든 것은 순전히 법관 인사에 반영시키기 위함이었던 만큼 향후 변호사들의 대응이 주목된다.

대법원 관계자는 29일 변호사들이 법관평가 결과를 전달하고 간 뒤 처리 방침을 묻는 취재진의 질문에 "법원행정처에서 보관은 하겠지만 인사 자료로 쓰지 않을 것"이라고 분명히 대답했다. 그는 "보관도 인사 담당이 아닌 다른 부서에서 하게 될 것"이라고 못박았다.

---

47 http://www.segye.com/content/html/2009/01/29/20090129003944.html(201 6. 3. 4. 최종 방문).

이는 결국 법관평가 결과 자체를 대법원이 열람조차 하지 않겠다는 뜻으로 풀이된다. 대법원은 '언론 보도를 토대로 변호사들이 낸 자료에 어떤 내용이 담겨있는지 추정할 수 있으니 굳이 들여다볼 필요가 없다'는 입장인 것으로 알려졌다.

실제로 서울변회가 만든 법관평가 결과에 대한 대법원의 시선은 싸늘하기 그지없다. 대법원은 이날 "재판의 직접 이해당사자라고 할 수 있는 변호사가 담당 법관을 평가하는 것은 객관적이고 공정한 평가를 기대하기 어렵다"며 "자칫 재판의 독립성을 훼손하고 공정한 재판을 받을 권리를 침해할 우려가 있다"는 짤막한 공식 반응을 내놓았다.

[2009. 1. 29. 세계일보]
김태훈 기자 af103@segye.com

그러나 법원의 시각이 반드시 부정적인 것만은 아니었다. 2008년 당시 서울중앙지방법원 부장판사로 재직하고 있던 한호형 판사는 다음과 같이 법관평가 찬성의견을 공개적으로 밝히기도 하였다.[48]

서울중앙지법 한호형 판사 "사법불신 해소에 도움" 동아일보 기고

《서울지방변호사회가 연내에 실시하기로 한 '법관평가제'에 대해 법원은 대체로 비판적이다. 그런 가운데 한호형(51·사법시험 20회·사진) 서울중앙지법 부장판사가 이를 찬성한다는 소신을 밝힌 글을 동아일보에 보내왔다. 1983년 판사로 임관한 그는 1992년부터 8년간 변호사로 일하다 다시 법원으로 돌아와 재직 중이다. 다음은 한 부장판사의 글.》

법조 발전을 위해 좋은 평가 제도를 기대한다.
법원이 국민의 신뢰를 얻기 위하여 많은 노력을 기울이고 있음에도 변호사 단체에서 법관평가제를 주장하고 있다. 8년간 변호사로 일하다가 현재 재판

48 http://news.donga.com/3/all/20081126/8662842/1(2016. 3. 4. 최종 방문).

을 담당하고 있는 입장에서 국민이 믿는 법치주의가 하루속히 확립되기를 바라는 마음 간절하다.

수사가 공평무사하게 진실을 밝히고, 재판이 경험칙에 따라 사실을 인정하고, 상식에 맞는 결론을 낸다면 다소의 절차적 오해가 있었다 하더라도 국민은 법관을 존경하고 법치주의에 긍지를 갖게 될 것이다.

아직도 학연 지연 등 특수 관계에 있는 사람이 개입하여 담당 판검사로 하여금 수사와 재판에서 사실과 법을 왜곡하도록 유도하고 그중에 변호사도 한 몫을 한다고 믿는 사람들이 있어 문제다. 싸움판의 승패를 가려야 하는 재판의 속성상 패소한 당사자는 자기의 단점을 감추고 불만을 호소함으로써 불신의 싹을 퍼뜨리고, 변호사까지 패소의 책임을 전가하려고 이를 부추길 수도 있다. 변호사가 필요한 주장 입증을 다하지 않아 패소를 하여도 불만은 고스란히 법원으로 돌아간다. 최근 문제가 되었던 재판도 혹시나 패소의 책임을 면하려는 일방의 주장에 기인한 것은 아닌지 우려된다.

법관에 대한 신뢰는 재판 당사자로부터 출발하는 것이지 재판과 무관한 일반 국민의 평가에 의하여 좌우될 일이 아니다. 사실을 직접 경험하였던 당사자와 지속적으로 소송의 대부분을 수행하고 심판을 받는 입장에 있는 변호사의 의견은 어떤 형태로든 법관 인사 등에 반영할 필요가 있다.

당사자를 포함하여 많은 변호사로 하여금 실명으로 잘잘못에 대한 구체적 사실을 적시한 의견을 제출하게 하여 사실 확인과 왜곡된 의견을 제거한 다음 이를 집계 비교 분석한 결과를 제도적으로 반영한다면 이는 확실한 평가 자료를 얻는 데 그치지 않고, 법조 영역에서의 불신을 해소하고 사법의 민주화를 앞당기는 데 기여할 것이다. 재판을 수치로 평가할 수는 없으므로 부실한 통계자료를 함부로 공개할 일은 아니다.

아울러 변호사에 대한 적정한 평가도 시급하다. 풍부한 법률지식과 탁월한 소송 기술에 훌륭한 인격을 겸비한 변호사가 있는 반면, 변호사의 과잉 공급으로 사무실 운영이 어려워 사건 유치에 급급하며 이길 사건을 지게 하거나 말도 되지 않는 소송을 제기하여 분란을 야기하는 변호사도 늘어간다. 로스쿨을 통한 변호사 대량 배출을 앞둔 이 시점에 어떤 형태로든 변호사를 평가할 기준을 만들어 의뢰인이 확인할 수 있게 해야 할 것이다. 변호사의 소송 수행 과정을 가장 잘 아는 법관도 의견을 제출하여 그 자료로 삼게 하는 것이 공익에 부합할 것이다.

정당한 평가는 법률가로 하여금 우수한 법률 서비스를 제공하게 하여 법치
주의를 확립하고 국가 발전에 기여하게 할 것이다. 민주주의는 다수의 좋은
의견을 이끌어내 사회를 발전시키는 제도임을 믿고 사심 없는 좋은 평가제도
가 만들어지기를 바란다.

[2008. 11. 26. 동아일보]

다만 한 판사와 같이 법관평가를 긍정적인 시각으로 바라보려는
법원 내부의 입장은 매우 희소한 것으로 보인다. 이후에는 그러한 긍
정적 관점이 외부로 알려진 바 없기 때문이다. 법원에 의한 법관평가
무시의 경향은 2015년에 정점에 달했다고 볼 수 있다. 대법원이 2015
년 9월에 퇴임하는 대법관의 후보자로 추천한 인물 중에 하위법관으로
평가된 인사가 2명이나 포함되어 있었고 특히 그 중 1인은 3년 연속
하위법관으로 선정된 인사였음에도 대법관 후보자에 포함되었던 것이
다.49 또 당시 대법관 후보자로 최종 제청된 이기택 현(現) 대법관은
2015년 8월 27일 국회에서 열린 인사청문회에서 "최근 변호사회의 법
관평가는 소속 변호사들에 대한 설문조사에 기초하여 이루어진 것으
로 이러한 방식의 법관평가는 재판을 받은 직접적인 이해관계인인 변
호사의 의견에 지나지 아니하므로 객관성에 의문이 있을 수 있다"는
취지로 발언했다.50

(2) 검찰의 반응

반면에 법조 3륜의 한 축을 담당하는 검찰에서는 비공식적으로 법
관평가에 대하여 찬성입장을 표방하였다.51 법관평가에 관한 검찰의

---

49 상세는 http://www.newstomato.com/ReadNews.aspx?no=570290 참조(20
　16. 3. 7 최종 방문). 다행히 이들이 대법관후보로 제청되지는 아니하였다.
50 http://the300.mt.co.kr/newsView.html?no=2015082710207667368 참조(20
　16. 3. 7. 최종 방문).
51 http://news.naver.com/main/read.nhn?mode=LSD&mid=sec&sid1=102&

이러한 반응은 2015년 실시된 대한변협의 검찰평가에 대한 검찰의 부
정적 반응과 비교하여 본다면 상반된 태도라고 할 수 있다. 무척 흥미
로운 반응이라고 할 수 있다.

'법관평가제' 실시…법원 "반대" vs 검찰 "찬성"

서울지방변호사회가 24일 기자회견을 열고 "법관평가제를 실시할 것"이라
고 공식 선언한 것을 두고 법원과 검찰의 입장이 엇갈리고 있다.

'법관평가제'는 변호사가 판사의 자질을 평가하는 것으로 대만, 일본 등이
현재 이 제도를 시행하고 있으며 일부 국가에서는 이 평가를 인사고과에 반
영하기도 한다. 그러나 우리나라에서는 아직 시행된 바 없으며 이번에 실시되
는 평가제 역시 서울변호사회의 일방적인 평가로 인사고과 반영여부는 대법
원의 판단에 달렸다.

그러나 대법원 관계자는 "언론을 통해 서울변호사회의 '법관평가제'에 대해
듣기는 했지만 내부적으로는 아무것도 검토하고 있는 사항이 없다"며 "법관
의 말씨, 친절도 등 수치화할 수 없는 부분을 평가문항으로 만든 졸속 평가"
라고 비판했다.

이 관계자는 또 "재판의 승패여부에 따라 변호사의 법관 평가가 달라질 수
있다"며 "객관성이 담보되지 않은 평가"라고 지적했다.

다른 법원 관계자는 "평가의 객관성, 검증 가능성, 공정성, 구체성 등이 갖
취진다면 '공정한 재판'이라는 서울변호사회의 기본 취지를 부정할 이유가 없
다"며 "그러나 그런 전제가 되지 않은 상황에서 이뤄진 평가는 공정성에 의심
이 가기 마련"이라고 우려를 표명했다.

한편, 검찰 관계자는 "검사도 동료, 부하직원, 직속 상관 등 다면 평가를
받고 있다"며 "공정한 재판을 위한 좋은 취지의 시도"라고 평가했다.

이 관계자는 "패소한 변호사 평가의 객관성이 우려된다면 승소한 변호사들
만을 상대로 평가하면 된다"며 "외국에서도 이미 잘 시행되고 있는 제도인 만
큼 '사법부에 대한 압력'으로 변할 것이라는 우려는 지나친 걱정"이라고 강조

---

oid=003&aid=0002446814(2016. 3. 4. 최종 방문).

했다.

서울변호사회는 24일부터 다음달 17일까지 약 25일 간 대법원을 제외한 서울지역의 모든 법원의 법관들(약 700명 추정)을 상대로 평가를 실시한다. 서울변회는 평가표를 소속 6300여명의 변호사들에게 보낸 뒤 작성된 평가표를 다시 받는 방법으로 취합하며 제출은 변호사 자율에 달려있다.

평가문항은 크게 ▲법관의 자질 및 품위 ▲재판의 공정성 ▲사건 처리태도 등 크게 3가지로 구성돼 있으며 법관의 말씨, 증인에 대한 태도 등 전체 17개 항목의 질문에 대해 A~E 중 하나를 선택해 평가할 수 있도록 하고 있다.

'법관평가제' 시행을 두고 법원, 검찰, 변호사의 입장이 서로 나뉘는 만큼 평가 결과가 대법원에 전달되기까지 약 한 달 동안 '법관평가제' 논란은 더욱 뜨거워질 것으로 전망된다.

[2008. 12. 24. 뉴시스]

김은미 기자 kem@newsis.com

(3) 언론 및 사회 일반의 반응

공식적으로 자신들이 속한 단체나 국민의 여론을 공식적으로 표방하지 않는 기자들의 칼럼이나 논평, 일부 변호사의 의견표명 등 대외적으로 드러난 반응은 대체로 양비론(兩非論)의 양상을 보이고 있다. 변호사단체에 대하여 "재판을 받는 변호사의 입장에서 재판을 하는 법관을 평가하는 것은 객관성과 신뢰성을 담보하기 어렵다"는 평가와 함께, 법원에 대해서도 "평가를 반영하여야 할 부분이 있다면 과감히 이를 반영하여 올바른 재판문화가 정착되는 계기로 삼아야 한다"는 반응이 그것이다.

법관평가에 관한 부정적 측면의 또 다른 반응은 변호사의 참여율을 법관평가의 신뢰성과 연결짓는 시각이다. 법관평가에 참여하는 회원의 수가 1,000여 명을 넘어선 2013년 이후에는 잦아들었지만, 그 이전까지는 법관평가에 참여하는 변호사의 수가 전체 회원수에 비하여 현저하게 적다는 점이 법관평가의 객관성을 담보하지 못한다는 비판이 제기되곤 하였다. 즉 '전체 회원 중 극히 일부만이 참여하는 법관평가는 신뢰성이 떨어진다'는 주장이다.[52]

(4) 법관평가에 대한 부정적 반응의 정리

서울회의 법관평가에 대한 긍정적 반응보다는 부정적 반응에 귀를 기울이는 것이 법관평가제도를 더욱 발전시킬 수 있는 지름길이라고 할 수 있다. 서울회의 법관평가에 대하여 부정적인 시각은 대체로 재판의 일방 당사자를 대리하는 변호사가 재판의 주체인 법관을 평가하는 것은 자의(恣意)적일 수 있다는 점을 바탕으로 한다. 이를 좀 더 살펴보면 재판의 당사자가 아닌 제3자가 하는 평가가 객관적이라는 점에서 재판에 관여하지 않은 동일한 심사위원들이 판사들을 일률적으로 평가하는 내용이 반영되어야 한다거나,[53] 참여숫자가 적어서 객관성을 확보하지 못한다는 비판[54] 등이 주된 내용이다. 이와 함께 변호사들의 참여율에 관한 문제도 제기되고 있다. 이 두 가지 문제에 기초한 부정적 반응이 정당한 것인지는 뒤에서 살펴보게 될 것이다.

---

52 예컨대 김현 전 서울지방변호사회 회장은 "지난 첫 회 법관평가에서 가장 문제로 지적됐던 것이 평가참여자 숫자가 적어 객관성을 갖추지 못했다는 것이었다"면서 "연중 평가 접수체제가 도입되고 서울변회의 평가자 실명보안에 회원들의 신뢰가 쌓이면서 점차 더 많은 회원들이 법관평가에 적극적으로 참여할 것으로 예상되는 만큼 객관성 문제는 자연스럽게 해소될 것으로 보인다"고 언급했는데(https://www.lawtimes.co.kr/Legal-News/Legal-News-View?Serial=50921(2016. 3. 4. 최종 방문), 이와 같이 변호사단체 내부에는 참여하는 변호사의 숫자가 많을수록 객관성이 담보된다는 관점을 가진 이들이 많다고 할 수 있다. 출처는 명확히 밝히지 않고 있지만 법률신문의 기사 역시 같은 논조이다. https://www.lawtimes.co.kr/Legal-News/Legal-News-View?Serial=51710(2016. 3. 4. 최종 방문).

53 http://www.hankyung.com/news/app/newsview.php?aid=2010011931311 보도내용 참조(2016. 3. 4. 최종 방문).

54 주 52 참조.

다. 설문조사 전문기관의 문제제기

서울대학교 부설 사회발전연구소에서는 2015년 서울회의 법관평가에 대한 연구용역을 수행하고 그 평가방식에 관하여 몇 가지 문제점을 제기하였다. 그 중에는 서울회 법관평가제도의 성격에 대한 오해에서 비롯된 것도 있지만 일부는 법관평가제도의 발전을 위하여 새겨들어야 할 부분도 있었다. 이에 여기서 위 보고서에 제기된 문제들을 소개하고자 한다.[55] 여기서는 위 용역보고서에서 서울회의 법관평가에 대하여 지적한 내용만을 요약해서 소개하고 그 지적 중 오해가 있는 부분에 대해 반론은 다른 문제제기들에 대한 검토와 함께 서울회 법관평가의 발전방안을 모색하는 부분에서 함께 기술하도록 할 것이다.

(1) 평가주체 선정방법에 대한 문제제기

사회발전연구소의 첫 번째 문제제기는 평가주체 선정방법에 관한 것이었다. 즉, 현재와 같이 서울회 회원들이 누구나 자발적으로 참여하도록 하는 방식 대신 표본집단을 구성하여 법관평가를 할 필요가 있다는 것이다. 현재와 같은 방법을 통해 평가 대상자를 선정할 경우 대표성[56]에 있어 심각한 문제가 제기될 수 있으며, 평가 결과에 대한 객관성과 신뢰성을 저해시키는 요인으로 작용할 것이라고 한다. 이에 따라 위 용역보고서에서는 평가자의 표본집단을 구성함에 있어서는 ⅰ) 전체 회원을 남·녀 성별에 따라 2개로 층화하고 다시 1차 층화된 회원을 연령에 따라 남성은 20~30대, 40대, 50대 이상으로, 여성은

---

55 다만 이 연구 진행 시점에 아직 위 용역보고서가 공개되지 아니한 사정을 고려하여 해당 보고서의 구체적 면수 인용은 생략한다.

56 표본의 '대표성(representativeness)'이란 표본의 특성이 모집단과 동일한 특성을 가지는 속성을 말하는 것으로(Babbie, 2007 – 사회발전연구소 보고서에서 재인용), 표본의 대표성을 확보하기 위해서는 표본의 크기(sample size)도 중요하지만 확률표본인지 비확률표본인지 여부와 같은 표본설계(sample design) 역시 중요하기 때문에 표본의 수만 증가시킨다고 하여 대표성이 확보되는 것은 아니라고 한다.

20~30대와 40대 이상[57]으로 각 구분하여 2차 층화를 한 후, 다시 그 소속을 법인소속과 개인사무소로 구분한 후, 마지막으로 출신대학에 따라 구분하되 서울대와 비(非)서울대로 나누어 구분하는 확률층화표 본추출방법에 의하는 방법을 제안하였다.[58]

(2) 무응답오차 통제 필요성에 대한 문제제기

사회발전연구소는 서울회 법관평가 결과를 보면 모든 항목에 빠짐없이 응답하는 것이 아니고, 일부 항목에는 응답을 하지 않은 평가 결과가 집계에 포함되는데, 이는 응답자의 불성실한 응답으로 볼 수 있고 평가결과의 오차율을 높일 수 있다는 점을 지적하였다. 무응답오차는 무응답편향(non-response bias)을 발생시킬 수 있는데, 온라인으로 진행되는 서울회 법관평가의 경우, 응답을 모두 완료하지 않고, 설문을 완료할 수 있도록 되어 있어 무응답편향 및 오차에 대한 노출이 높은 상황이며, 이는 응답률이 높지 않은 서울회의 법관평가 설문에서는 자료의 질을 더욱 저하시키는 요인으로 작용할 수 있다는 것이다. 통계학에서는 온라인 조사와 같이 자기기입식 설문의 경우 무응답이 발생할 경우가 높다고 한다.[59] 위 보고서는 무응답오차를 보완하려면 온라인 법관평가 시스템에서 무응답이 발생할 경우 설문을 완료할 수 없도록 하여 응답자로 하여금 성실한 응답을 도출할 수 있는 방안을 제시하였다.

아울러 현재 서울회 법관평가 결과의 집계에서는 무응답 항목에 대하여 중간점수(3점, 보통이다)를 부여하는 방법을 적용하고 있는데,

---

57 서울회 여성회원은 남성회원과 비교하여 상대적으로 고연령층이 적다는 점을 고려한 것이다.

58 세부적으로는 층화계통추출법(확률표본추출), 층화표집에 기반한 과대표집법(over-sampling), 할당표본추출법(비확률표본추출) 등 세 가지 방안으로 나뉘나, 기본적으로 층화표집방법 자체에 문제가 있다는 연구자의 관점에서 위 세 가지 방안에 관한 구체적 언급은 생략한다.

59 Tourangeau, Rips & Rasinski, 2000. 위 사회발전연구보고서에서 재인용.

무응답에 대한 대체(imputation) 방법은 다양하기 때문에 이와 관련해서는 전문가들과의 협의를 통해 결정할 필요가 있겠으나, 가장 용이한 방법으로는 현재와 같이 중간점수를 부여하기보다는 대만처럼 특정 법관에 대해 다른 문항에서 답한 개별 응답자(변호사)의 평균값을 부여하는 방안이 적절할 것이라고 지적하였다.

(3) 가치상충 응답의 가능성에 대한 문제제기

가치상충 응답이란 항목의 어느 부분에 대한 응답이 그와 동일 또는 유사한 항목에 대한 응답과 반대로 나타나는 응답을 의미한다. 예를 들어, 평가항목 ②의 '소송관계인을 예절로 대했고, 충분히 배려했다'는 항목에 '매우 그렇다'는 긍정응답을 선택한 평가자라면 평가항목 ③의 '강압적·위압적 언행이나 행동을 부당하게 행사하거나, 부적절한 행동을 하지 않았다'라는 항목에도 역시 '매우 그렇다'를 선택하거나 또는 적어도 '그렇다'를 선택하는 것이 당연하다. 만일 이 평가자가 평가항목 ③에 대하여 '전혀 그렇지 않다'는 부정응답을 선택하였다면 이는 평가항목 ②와 ③에 대한 가치상충 응답이 되는 것이다. 가치상충 응답은 평가결과를 신뢰할 수 없게 만드는 불성실응답의 전형이라고 할 수 있으므로 이를 적절히 처리할 필요가 있는데, 서울회 법관평가에서는 이에 대한 조정이 이루어지지 않고 있다는 것이다.

(4) 일괄응답 메뉴에 대한 문제제기

일괄응답이란 평가항목별로 하나하나 응답하지 않고 전체 평가항목에 대하여 한꺼번에 응답하는 것을 의미한다. 위 용역보고서에서는 온라인 설문 상단의 일괄응답 메뉴를 비활성화하여 불성실응답의 가능성을 통제하고, 개별 설문문항의 내용에 대해 성의껏 응답할 수 있는 설문 환경을 구현해야 한다고 지적하였다.

그러나 서울회가 실시하고 있는 온라인 법관평가에는 일괄응답 메뉴가 존재하지 않는다. 이 부분은 용역수행자들이 혼동을 하였거나,

하나의 응답만 계속 선택하는 경우에 불성실응답 여부를 확인할 수 있는 방법이 마련되어 있지 않다는 문제를 제기하는 것으로 선해할 수 있을 것이다. 본 연구에서는 후자의 의미로 이해하고자 한다.

(5) 설문문항 순서에 대한 문제제기

위 용역보고서에서는 평가서에 제시되는 설문문항의 순서를 무작위로 하도록 함으로써 문항제시 순서로 인한 응답오류를 제한하고, 전반적인 수집 자료의 질을 개선해야 한다고 지적하였다. 그 이유는 일반적으로 설문조사의 경우 문항 및 응답의 순서에 따라 수집 자료 결과에 영향을 미치고 있기 때문이라고 한다. 즉, 문항의 순서에 따라 초기의 문항에 대해서는 성실하게 응답을 하다가, 설문문항의 길이 및 복잡성에 따라 후기 문항에 대해서는 불성실하게 응답할 경우가 발생한다는 것이다. 이를 방지하기 위해 문항의 순서를 무작위로 하여 문항순서로 인한 편향효과를 조절하고 수집 자료의 질을 향상시켜야 한다고 지적하였다.

(6) 평가항목의 일관성 결여에 대한 문제제기

위 용역보고서는 서울회 법관평가서의 평가항목이 자주 변경되어 시계열적 변화를 파악할 수 없게 만드는 문제점이 있다고 지적하였다. 한편 평가항목 자체의 변경 외에도 평가항목의 그루핑(grouping)이 일관성을 유지하지 못하고 있는 점도 지적하였다. 예를 들어, '증인에 대한 태도'를 측정하는 문항의 경우, 2008년도의 경우 '법관의 자질 및 품위' 영역에 포함된 반면, 설문항목 변경이 2차적으로 이루어진 2011년의 경우 '증거, 증인에 대한 공정성'의 여부로 '법관의 공정성' 영역에 포함되어 있다는 식이다. 2008년부터 2013년 사이의 세부항목의 구분기준을 종합적으로 정리해 보았을 때, '법관의 언행'은 설문항목 중 '품위' 및 '공정성'에 모두 포함되었으며, '시간준수 여부' 등의 업무관련 평가는 '사건처리태도', '직무성실성', '능력' 및 '정확성'으로 중복 구분되어 평가되었다고 한다. 이와 같이 일부 세부문항이 다른 문항 묶음으로 이동하는 경우, 설문지 대주제 구성의 평가지표의 체계를 위협하며 각 지표에 대한 연도별 비교가 불가능하다는 것을 위 용역보고서는 지적하고 있다.

(7) 법관평가의 연말집중에 대한 문제제기

아래 [그림 14]는 위 사회발전연구소에서 서울회의 2015년 법관평가 접수현황을 분석한 결과이다.[60] 위 도표에 의하면 온라인 법관평가제도가 도입되어 상시적으로 법관평가가 가능하도록 제도가 마련되어 있음에도 불구하고 서울회의 법관평가는 4/4분기에 가장 집중된다. 이는 아마도 서울회가 1년의 법관평가를 결산하여 법원행정처에 전달하는 시기가 다음 해 1월 중으로 예정되어 있기 때문인 것으로 보인다.

[그림 14] 2015년 1월~11월 법관평가표 접수현황

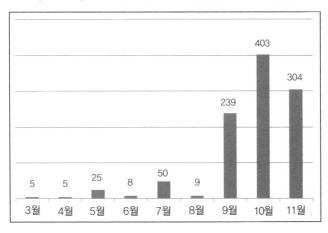

---

60 용역보고서 이후에 진행된 본 연구에서도 2015년 12월의 법관평가표 접수현황은 반영하지 못하였다. 그 이유는 해당 자료를 파악하기 위해서는 법관평가표가 보관된 서버에 관리자권한으로 접속해서 확인해야 하는 문제가 있을 뿐만 아니라, 종이평가의 경우에는 밀봉된 상태로 접수하였다가 평가연도 말에 일괄개봉하기 때문에 특정 봉투 안에서 몇 건의 평가건수가 나오는지를 확인할 수 없어 통계처리가 불가능하기 때문이다. 사회발전연구소에서는 서울회의 특별한 허락을 받아 관리자권한으로 해당 서버를 확인하였던 것으로 보인다.

용역보고서는 서울회 법관평가 설문 응답자 참여 추이는 9월을 기점으로 그 참여가 증가하기 시작하여 10월에 가장 높은 참여율을 보이고 있어, 실사 참여가 비일관성을 보이고 있다고 지적하면서 법관평가 자체가 하반기 사례에 치중된 경향을 보이며, 실사진행이 기피되어야 하는 일정 및 적절시기 등에 대한 고려 없이 실사가 상시 진행되고 있으며, 독려시점이 하반기에 군집되어 있어 수집 자료의 경우가 특정 시점으로 집속되어 있는 점을 문제로 지적하였다.[61]

라. 대한변협의 법관평가 통일화 필요성 문제제기

대한변협은 2015년 11월 협회 기관지인 대한변협신문을 통해 각 지방변호사회별로 실시되고 있는 법관평가의 통일화를 신속히 이룩해야 한다고 주장하였다.[62] 그 주장의 요지는 법관평가제도가 도입된 후 권위적이고 고압적이던 법정 분위기가 많이 민주화됐다는 평가가 있지만 여전히 회원들의 참여가 저조한 편이고, 평가기준 및 결과활용 등이 지방회 별로 통일되어 있지 아니하여 전국단위로 인사이동을 하는 법관들에 대한 평가가 실효성을 갖기 어려워서 법관평가의 실효성이 적다는 비판이 있고, 법관평가의 시행횟수[63]가 늘어갈수록 평가결과 자료도 늘어날 것이므로, 장기적으로 데이터를 축적하고 관리할 수 있는 총괄기구의 마련이 필수적이라 할 것인바, 대한변협이 그러한 총괄기구의 역할을 담당하겠다는 것이다. 해당 사설은 "평가절차가 일원화되면 평가기록에 연속성이 생겨 법관인사에 실질적인 영향력을 발휘할 수 있을 것이다. 또한 변협차원의 총괄기구를 통해 입법발의 등

---

61 법관평가 집중시점에 관해서는 과거에도 비판이 제기된 적이 있었다. http://news.donga.com/3/all/20091205/24584915/2 동아일보 이정식 사회부기자의 칼럼 참조(2016. 3. 4. 최종 방문).

62 http://news.koreanbar.or.kr/news/articleView.html?idxno=13601(2016. 3. 6. 최종 방문).

63 해당 사설 원문에는 '햇수'로 표기되어 있으나, 이는 '횟수'의 오기라고 판단되어 여기에서는 '횟수'로 인용하였다.

대국회활동도 더욱 조직적으로 이뤄질 수 있을 것으로 기대한다"라고
끝을 맺고 있다.

Ⅲ. 법관평가제도의 비교법적 고찰

이러한 문제제기에 대하여 그 문제제기가 타당한 것인지 여부, 만
일 타당한 문제제기라면 이를 어떻게 반영하여 법관평가제도를 보완
할 것인지 여부를 검토하고자 한다. 그러나 그에 앞서 법관평가제도를
시행하고 있는 다른 나라의 사례를 검토함으로써 우리 법관평가제도
의 운영에 참고할 필요가 있다고 본다. 이하에서는 법관평가제도를 법
제화하는 데 성공한 대만과 일본의 법관평가제도를 비롯하여 미국, 영
국, 독일, 프랑스 등에서 이루어지고 있는 법관평가제도를 개략적으로
살펴보고자 한다.

1. 일본의 법관평가제도[64]

일본은 1956년부터 법관에 대한 인사평정제도를 실시하였지만 그
러한 인사평정제도의 존재와 방법·내용은 2000년 사법제도개혁심의
회에서 이 문제를 거론하기까지 대부분의 국민에게는 알려지지 않았
다. 사법제도개혁심의회는 2001년의 보고서에서 재판관 인사평정제도
에 관하여 투명성과 객관성을 확보할 수 있는 구조를 마련할 필요성이
있음을 지적하였고,[65] 이 개혁논의를 이어받아 최고재판소의 재판관의
인사평가 방법에 관한 연구회에서 발간한 보고서에서도 검찰이나 변
호사 등의 의견을 반영할 필요성이 있다는 적극론과 신중하게 판단해

---

64 이 부분은 2016. 5.에 서울지방변호사회가 일본 第二東京弁護士会 및 大阪
　弁護士会와 日本弁護士聯合会로부터 제공받은 자료를 기초로 한 것이다.
65 사법제도개혁심의회 의견 http://www.kantei.go.jp/jp/sihouseido/report/
　ikensyo 참조(2016. 5. 20. 최종 방문).

야 한다는 소극론이 나뉘었고 법관에 대한 인사평가자료를 얻을 목적
으로 외부에 대하여 설문조사를 실시하는 것은 적절하지 않다는 의견
이 다수의견이었다고 한다. 그러나 연구회에서는 법원 외부의 정보를
모두 배척하는 것은 외부의 목소리를 듣지 않겠다는 것에 다름 아니라
는 문제를 지적하면서 판사의 권한행사와 독립성 보장을 배려하도록
평가권자가 적절히 취사선택하여 평가에 활용할 필요가 있다고 결론
을 내렸다. 이에 따라 현재 제도적으로 하급재판소 재판관 재임용의
경우와 모든 법관에 대한 인사평정의 경우 외부의 평가를 반영할 수
있도록 보장되기에 이르렀다.

일본에서 현재 법적으로 시행하고 있는 법관평가제도에는 두 가
지가 있는데, 그 하나는 일본 최고재판소의 「하급재판소재판관지명자
문위원회규칙(下級裁判所裁判官指名諮問委員会規則)」에 근거하여 변호사
와 검찰관으로부터 재임용 대상 법관의 재임용 적부판단 자료가 될 수
있는 직무정보의 제공을 받는 것이고, 다른 하나는 「재판관 인사평가
에 관한 규칙(裁判官人事評価に関する規則)」에 근거하여 법관의 인사평
정에 외부의 평가를 반영하도록 하는 것이다.

전자는 재판관의 임명과정에 국민의 의사를 반영할 목적으로
2003년 5월에 「하급재판소재판관지명자문위원회규칙」이 시행되면서
도입된 제도로서 판사의 재임용절차에서 외부의 의견을 참고하도록
하는 것이다. 위 규칙은 "위원회는 그 소장사무를 수행하기 위하여 필
요하다고 인정할 때는 재판소, 검찰청, 일본변호사연합회, 변호사회 기
타 단체 또는 개인에 대하여 자료의 제출, 설명 기타 필요한 협력을
의뢰할 수 있다"[66]는 규정을 두고 변호사단체 등으로부터 자료를 제출

---

66 "(協力依頼) 第十一条 委員会は´ その所掌事務を遂行するため必要がある
　　と認めるときは´ 裁判所´ 検察庁´ 日本弁護士連合会´ 弁護士会その他の
　　団体又は個人に対して´ 資料の提出´ 説明その他の必要な協力を依頼する
　　ことができる°"

받고 있다. 여기에 사용되는 평가서는 기술식(記述式)으로 되어 있어 평가자가 구체적인 평가내용을 기재하여 제출하도록 되어 있다. 그 양식은 다음과 같다. 서울지방변호사회가 최근 전관예우 근절방안으로 제시한 평생법관제가 법제화된다면 우리나라에서도 이 제도의 도입을 검토할 필요가 있다. 그러나 현재 연구의 대상인 법관평가제도와 직접 관련되는 내용은 아니므로 이에 대한 상세한 언급은 유보하도록 한다.

[서식 1] 하급재판소 재판관 재임용을 위한 평가표 양식

地域委員会・裁判所総務課提出用

裁 判 官 評 価 票 （民事・刑事共通）

1. 裁判官名 （   ）
2. 所属 （   高・地・家裁   部   係）
3. 上記裁判官と接した時期 （   年   月   日～   年   月   日）

_____

_____

_____

_____

_____

_____

_____

_____

_____

_____

提出年月日   年   月   日

会員氏名 （   ）   会員番号 （   ）

＊本票は必要部数コピーしてご利用下さい。

후자는 2004년 4월 「재판관의 인사평가에 관한 규칙」이 시행되면서 법관의 인사평정에 있어서 법원 내부뿐만 아니라 법원 외부에서도 의견을 받도록 하고 있는 것이다. 새로운 제도를 도입한 목적은 판사의 자질·능력을 강화하며 국민의 판사에 대한 신뢰를 높이는 관점에서 제도 전반에 걸쳐 인사 평가의 투명성·객관성을 확보하고자 함에 있다고 한다.[67] 이러한 목적 하에 위 규칙 제3조 제2항은 법관에 대한 인사평정에 있어서 "평가권자는 인사평가에 있어, 재판관의 독립을 배려함과 동시에 다면적이며 다각적인 정보 파악에 힘써야 한다. 이 경우에 재판소 외부의 평가에 대해서도 배려하여야 한다"고 규정하였고, 이에 근거하여 매년 법관평가가 이루어지고 있다. 여기에 해당하는 법관평가는 구체적 사실을 적시하여 행하는 변호사의 실명평가, 재판관이 자신이 담당한 직무의 상황에 관하여 제출하는 서면, 재판관이 소속한 지방·가정법원장의 인사평가와 고등법원장의 조정·보충 이 세 가지를 종합 판단하여 평가를 행하고 있다.[68] 이 제도를 도해하면 다음과 같다.

---

67 http://www.courts.go.jp/about/siryo/siryo_gyosei_jinjigaiyo/index.html
　　(2016. 5. 20. 최종 방문).
68 일변련의 회신에서 발췌.

[그림 15] 재판관 인사평가제도 도해

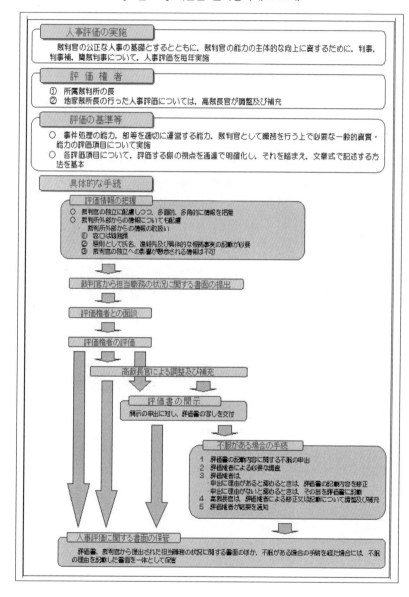

　　한편, 「재판관의 인사평가에 관한 규칙」에 따른 정보제공을 위한 양식은 다음과 같다.

　　[서식 2] 「재판관의 인사평가에 관한 규칙」에 따른 정보제공서식

별紙 2－2

裁判官の人事評価に関する情報提供書

提出日　平成　年　月　日

　地方・高等・家庭裁判所　総務課長　殿

会)　　　　　　　　　　提出者弁護士　　　　　　（　　　弁護士
　　　　　　　　　　　　※ 1 事件で お願い致します。

1　裁判官氏名　　　　　　　所属庁　　裁判所（　支部）　　　部
　(係)

2　提出者と当該裁判官の関係　※事件の種類は問いません。必ず事件番号と事件名をお書き下さい。

　(一)　民事（　　代理人　）　・　刑事（弁護人・付添人）　・　家事（　　代理人　）

　(二)　事件番号　　　　　　裁判所（　　支部）　　　　　号

　(三)　事件名　　　　　　　　　　　事件

3　評価　　※1事件1枚でお願い致します。
　　次の評価項目にて、「評価ランク」欄に5段階評価をご記入下さい。但し、評価できない項目は、空欄のままで結構です。
　　評価理由を付記したい場合は、別紙をつけて、この評価票に添付して下さい。
　　【評価ランク：　大変良い－5　良い－4　普通－3　悪い－2　大変悪い－1】

評価項目		評価ランク
①基本姿勢	事件の筋を見通す理解力はあるか	
	熱意をもって職務に取り組んでいるか	
	訴訟関係人に分かりやすい裁判を心がけているか	
②弁論など	記録はよく読み検討しているか	
	訴訟指揮は適切かつ公平か	
③争点整理	争点を的確に整理しているか	
	自己の行った争点整理に固執することはないか	
	当事者の主張を過不足なく取り入れているか	
④証拠調べ	証人・検証・鑑定等で必要かつ充分な証拠調べの時間をとっているか	
	尋問をよく聞いているか	
	不当な介入や誘導尋問をし、あるいは尋問時間を制限していないか	
⑤和解など	公正妥当な解決案を示しているか	
	強引ではなく当事者の意見はよく聞くか	

⑥判決など	事実認定や法律適用は妥当か	
	判決は説得的か（刑事の場合、量刑は妥当か）	

　　그러나 법적으로 제도화된 두 가지 유형의 법관평가 외에도 각 변호사회는 자체적으로 단계식 평가에 의한 법관평가를 실시하고 있고 일변련은 그에 관해서는 각 변호사회에 맡기고 관여하지 않고 있다.[69] 동경 제2변호사회가 사용하는 단계식 평가양식은 다음과 같다.

[서식 3] 동경 제2변호사회 단계식 평가표(민사용)

裁　判　官　評　価　票（民事用）

1. 裁判官名（　　　　　　　　　　　　　）
2. 所属（　　　　　　　高·地·家裁　　　部　　　係）
3. 上記裁判官と接した時期（　　　年　　月　　日～　　年　　月　　日）
4. 評価項目
   次の評価でご記入ください。また，評価できない場合は，その項目を空欄にしてください。
   大変良い—評価5　良い—評価4　普通—評価3　悪い—評価2　大変悪い—評価1

(1)弁論等	①記録をよく読み検討しているか	
	②訴訟指揮は適切かつ公平か	
	③丁寧な審理を心がけているか	
(2)争点整理	①争点を的確に整理しているか。	
	②当事者の主張を十分に取り入れているか	
(3)証拠調べ	①必要で十分な証拠調べの時間を取っているか	
	②尋問をよく聞いているか	
	③不当な介入または尋問制限をしていないか	
(4)和解等	①公正妥当な解決案の提示ができているか	
	②当事者の意見に配慮しているか	
(5)判決	①事実認定は適切妥当か	
	②法律適用は適切妥当か	
	③判決に説得力はあるか	
(6)その他	①関係人に親切に接しているか	
	②事件の筋を見通す理解力はあるか	
	③熱意を持って職務に取り組んでいるか	
(7)総合評価		

* 評価を3（普通）以外のものとした場合には必ずその理由を2枚目にお書きください。
* 評価票は，顕名で提出しますが，顕名提出に不都合がある場合は右に∨印をつけてください。　□
* 法律相談センターあっせん事件であれば，右に∨印をつけてください。　　　　　　　　　□
　　　　　　　　　　　　　　　　　提出年月日　　　　　　　年　　　月　　　日
　　会員氏名（　　　　　　　　　　）　会員番号（　　　　　　　　　　）
* 本票は必要部数コピーしてご利用下さい。

[서식 4] 동경 제2변호사회 단계식 평가표(형사용)

裁 判 官 評 価 票 (刑事用)

1. 裁判官名 (   )
2. 所属 (高・地・家裁   部   係)
3. 上記裁判官と接した時期 (年 月 日~   年 月 日)
4. 評価項目
   次の評価でご記入ください。また、評価できない場合は、その項目を空欄にしてください。
   大変良い 5 良い 4 普通 3 悪い 2 大変悪い 1

(1) 身柄	①接見禁止解除や保釈は適切・妥当か	
	②手続処理は迅速に行われているか	
(2) 審理全般	①訴訟指揮は適切かつ公平か	
	②被告人に対する接し方は丁寧か	
	③争点を的確に整理して審理をしているか	
(3) 尋問	①みだりに不当な介入・補充または尋問制限をしていないか	
	②弁護側の尋問時間を十分に認めているか	
	③尋問をよく聞いているか	
(4) 証拠	①弁護側請求の証拠を十分に採用しているか	
	②必要で十分な証拠調べの時間を取っているか	
(5) 判決	①弁護側の主張に対する判断の理由が示されているか	
	②記録を隅々まで検討しているか、証拠の見落としはないか	
	③事実認定は適切妥当か	
	④法律の解釈は明確になっているか	
	⑤情状に関する認定は適切妥当か	
	⑥量刑判断は妥当か	
(6) その他	①無辜の不処罰を意識して真摯に職務に取り組んでいるか	
	②事件の筋を見通す理解力はあるか	
	③経験則、科学法則その他の理解力はあるか	
	④訴訟をみだりに遅延させていないか	
	⑤弁護側の準備時間に配慮がなされているか	
(7) 総合評価		

＊評価を3以外のものとした場合には必ずその理由を2枚目にお書きください。

＊評価票は、顕名で提出します。顕名で不都合がある場合は、∨印をつけてください。 □

提出年月日   年   月   日

会員氏名 (   ) 会員番号 (   )

＊本票は必要部数コピーしてご利用下さい。

일본에서 제도화된 법관평가의 두 가지 방식은 모두 법관 인사제도를 객관화·투명화하는 방안의 일환으로 변호사단체 등 외부의 평가를 반영하도록 한 것이라는 점에서는 대만의 법관평가제도와 유사한 측면이 있지만, 한국 변호사단체가 실시하고 있는 법관평가와는 다소 그 성격을 달리한다고 볼 수 있다. 그러나 대만의 법관평가는 특정한 사안에 대해서 문제를 제기하는 제도이지만 일본의 법관평가는 일반적인 직무수행 전반에 관한 의견제시라는 점에서 차이가 있다. 평가의 대상 범주에 관한 한 일본의 제도와 한국의 제도는 유사점이 있다고 할 수 있다. 그러나 한국의 현행 법관평가제도와 가장 유사한 제도는 일본의 각 변호사회가 자체적으로 실시하고 있는 단계식 평가제도라고 할 수 있다. 일본의 변호사회가 위와 같이 제도화된 법관평가 외에도 추가적으로 자체적인 법관평가를 실시하고 있는 이유는 비록 그 평가결과가 법관의 인사 자체에는 직접 반영되지 않는다 하더라도 법관의 직무수행과정을 모니터링하여 품위 있고 공정하며 객관적인 직무수행을 독려하기 위한 목적에서 비롯된 것이라고 볼 수 있다.

2. 대만의 법관평가제도

가. 대만 법관평가제도의 연혁

1996년 1월 30일, 대만 사법원에서는 「법관평감70방법」 및 「법관개별안건평감작업 주의사항」을 발표하였다. 그 후 1999년 4월 29일과 1999년 8월 31일 및 2000년 12월 16일을 전후하여 법관이 개정 태도가 불량하여 사법 이미지를 흐리는 개별 안건 평감 사항 및 법률에 근거를 두고 설립되어 등기를 경료한 전국적인 민간단체 역시 법관평감에 참여할 수 있게 하는 등 규정을 보충 수정하였다. 2006년 11월 24일에는 위와 같은 사항 및 주의사항을 「법관평감방법」으로 통합하였다.

---

70 대만에서는 법관평가를 법관평감(法官評鑑)이라고 한다.

사법원의 통계 자료에 의하면, 1996년 1월 30일에 「법관평감방법」을 발표한 이래 2011년까지 법관평감 요청과 관련된 안건은 총 117건(국민들이 사법원에 소장을 제출하여 모 법관의 평감을 청구한 안건)인데, 그 중 14건이 고등법원 또는 그 분원에서 구성한 법관평감위원회에 안건으로 상정되었으며, 나머지 103건은 평감방법에서 규정한 평감사항에 속하지 않거나, 평감권한이 없는 기구에서 평감이 이루어졌기에 단지 진정서 유형으로 처리되었다. 즉, 법관평감제도가 시행된 지 15년이 경과하도록 법관평감위원회에서 실제로 평감한 안건은 연 평균 1건도 되지 않는다. 법관평감에 상정된 14건 중 3건은 변호사단체에서, 5건은 일반 시민단체에서, 6건은 사법원, 소속법원이나 그 상급법원에서 평감에 회부한 안건들이었다.

나. 대만 법관평가제도에 대한 평가

이와 같이 대만의 법관평감 실적이 미미한 이유에 대한 타이페이 율사협회의 분석[71]은 다음과 같다. ① 법관평감위원 중 9분의 1 내지 5분의 1만 외부위원일 뿐 나머지 위원을 모두 법관들이 차지하고 있어서 공신력이 취약하고 독립성이 부족하며, ② 법관평감위원회는 조사 결과, 평감 받는 이의 품행과 행실이 사법 명예를 훼손하고 안건 처리 절차를 엄중히 위반하였거나 개정 태도가 심히 불량하여 사법 이미지를 훼손하였다고 간주하는 것을 사법원 인사심의위원회에 보내 참작 결의하여 처벌을 제안하는 데에 그칠 뿐 구속력이 없으며, ③ 법관평감법이 규정하는 평가사항이 품성, 행실, 엄중한 안건처리결과 위반 및 개정(開廷) 태도 등 세 가지 사항에만 국한되어 있어 헌법, 법률 및 기타 각종 측면에서 소위 말하는 적임 법관이 구비해야 하는 기본자격을 평가하기에 충분하지 않다.

---

71 타이페이 율사협회가 서울지방변호사회에 보낸 2016년 4월의 회신자료를 발췌한 것이다.

다. 대만 법관평가제도의 개혁

이에 따라 대만 법관평감법은 2012년에 상당한 폭의 개정을 맞게 된다. 그 주요 개정 내용을 기존의 법관평감제도와 비교하여 보면 다음과 같다.

(1) 법관평감위원회의 설치

종래에는 고등법원 및 그 분원, 고등행정법원에서 각각 법관평감위원회를 설립하여 해당 법원 및 그 소송관할 구역 내의 각 법원의 법관 개별 평감을 처리하도록 하고 사법원 법관평감위원회는 최고 법원 법관, 최고 행정법원 법관, 공무원징계위원회 위원 평감을, 고등법원, 고등행정법원 법관평감위원회에서 법관평감에 관한 검토 사항을 처리하도록 하고 있었는데, 개정 후에는 법관평감위원회의 설치를 사법원에 두는 것으로 개정하였다.

(2) 법관평감위원회의 구성

개정 전에는 고등법원 및 그 분원, 고등행정법원 법관평감위원회는 위원 5인을 두고, 사법원 법관평감위원회는 위원 9인을 두도록 하면서 피평감자와 동일한 심급의 법관이 1인 이상 포함되도록 하고 해마다 후보를 선발한 후 평감사건이 발생하면 추첨으로 위원을 선정하는 방식으로 위원회를 구성하고 위원들의 임기는 해당 평감안건을 처리하는 기간 동안으로 국한하였으나, 개정 이후에는 법관 3인, 검찰관 1인, 변호사 3인, 학자 및 사회공증인사 4인으로 구성하고, 임기는 2년으로 하여 1회 연임이 가능하도록 하고 법관위원과 검찰관 위원은 각 전체 법관과 전체 감찰관의 투표로 선출하며, 변호사대표는 각 지역 변호사협회에서 후보를 추천하고 변호사전국연합회에서 전국투표로 선출하며, 학자 및 사회공증인사는 법무부, 변호사협회전국연합회에서 각각 검찰관, 변호사 외의 4인을 추대하여 사법원 원장이 선발하여 위촉하는 것으로 변경되었다.

(3) 평감청구사항

개정 전에는 "품성과 행실이 사법 신용을 훼손하고 안건처리 절차를 엄중히 위반하였거나 개정 태도가 심히 불량하여 사법 이미지를 훼손한 사항"으로 되어 있던 것을(제4조), 개정 후에는 "① 재판 확정 후 또는 제1심 진행일로부터 6년이 지나도 확정 판결이 나지 않은 안건이 고의 또는 중대한 과실이 있음을 사실로 충분히 증명할 수 있으며, 심판한 안건이 분명히 중대한 과실이 있음으로 하여 국민의 권익을 엄중히 침해한 자, ② 제21조 제1항 제2조에 해당하는 사안으로 상황이 심각한 것, ③ 제15조 제2항, 제3항 규정을 위반한 것, ④ 제15조 제1항, 제16조 또는 제18조 규정을 위반하여 상황이 심각한 것, ⑤ 안건처리 절차 규정 또는 직무 규정을 크게 위반하여 상황이 심각한 것, ⑥ 정당한 이유 없이 안건 진행을 지연하여 당사자의 권익에 심각하게 영향을 미친 상황, ⑦ 법관윤리규범을 위반하여 상황이 심각한 것"으로 구체화하였다(제30조).

(4) 평감청구권자

개정 전에는 ① 법관이 소속된 법원 및 그 상급 법원, ② 위 법원에 대응하는 검찰청, ③ 사법원 및 법무부, ④ 법관이 소속된 법원관할구역의 변호사협회, ⑤ 법에 의거하여 설립 및 등기한 전국인민단체가 법관평감위원회에 평감을 청구할 수 있었으나(제5조), 개정 후에는 피평감 법관 소속기관, 상급기관 또는 소속법원에 대응하는 검찰청 및 법관이 소속된 법원관할구역의 변호사협회 외에 전국변호사협회로 청구권자를 확대하는 한편, 전국인민단체의 경우에는 재단법인 또는 공익사업을 목적으로 한 사단법인, 허가를 받고 설립한 지 3년 이상이며, 재단법인의 등기 재산 총액이 대만 신 화폐 1천만 원 이상 또는 사단법인의 직원 수가 200명 이상인 경우로 요건을 엄격하게 하였다(제35조).

(5) 평감청구시효

개정 전에는 청구사유별로 품성 사항은 5년, 안건처리절차 위반사항은 2년, 개정태도 사항은 1년으로 나뉘어 있었는데(제7조), 개정 후에는 품성 사항은 그대로 5년으로 하되, 다른 사항은 모두 2년으로 통일하였다(제36조).

(6) 평감결의의 효력

개정 전에는 법관평감위원회의 조사 결과, 평감받는 이의 품행과 행실이 사법 명예를 훼손하고 안건 처리 절차를 엄중히 위반하였거나 개정 태도가 심히 불량하여 사법 이미지를 훼손하였다고 간주하는 것을 사법원 인사심의위원회에 보내 참작 결의하여 제재를 받도록 하였는데(제11조), 개정 후에는 징계할 필요가 없는 자는 사법원에 신고하고 사법원 인사심의위원회에 교부, 심의하여 처분을 받도록 하는 외에 징계할 필요가 있는 자는 사법원에 신고하고 감찰원에 이송, 심사하여 징계를 받도록 하는 내용이 추가되었다.

(7) 평감의 실시

개정 전에는 사법원이 필요하다고 판단하는 경우에 정기적으로 전국적인 법관평감을 실시하도록 되어 있었으나(제4조), 개정 후에는 최소 3년에 한 번은 전국적인 법관평감을 실시하도록 하였다. 다만 그 평감결과는 공개하지 않으며 결과를 인사평정에 참고한다. 법관평감과 함께 법원평감[72]도 3년마다 실시하여야 하는데 그 결과는 법관평감과 달리 공개하도록 되어 있다(제31조).

라. 정 리

이상과 같이 대만의 법관평감제도는 우리나 일본의 법관평가제도와 달리 평가의 대상이 되는 법관에 대한 제재를 염두에 두고 문제가 되는 사안에 대해서 이루어진다는 점을 가장 큰 특징으로 한다. 우리

72 특정 법원이라는 조직에 대한 평감을 가리킨다.

나라의 법체제와 부합하지 않는 측면이 있다고 할 수 있다. 그러나 대만 법관평감제도 역시 그 평가대상이 법관의 품행과 행실, 재판절차의 준수 여부, 개정 태도이고, 평감을 청구할 수 있는 주체에 변호사단체는 물론 시민단체까지 포함된다는 점에서, 그 추구하는 바는 법관의 자질과 능력을 강화하며 국민의 법관에 대한 신뢰를 높이는 데에 있는 것이라고 할 수 있을 것이다. 이는 서울회의 법관평가가 지향하는 바와 전혀 다르지 않다.

3. 미국의 법관평가제도[73]

가. 연방법원 판사의 경우

1) 미국은 크게 종신직인 연방법원 판사와 주(州)에 따라 종신직 또는 정년이 70세인 경우도 있기는 하지만 대체로 임기직으로 연임을 받는 주법원 판사로 구분되고,[74] 이러한 구분에 따라 법원 외부 기관에 의한 법관평가에도 차이가 있다. 미국 연방변호사협회에서는 법관평가제도(Judicial Performance Evaluations)를 운영함에 있어서 참고가 될 지침을 제시하고 있지만 직접 판사를 평가하는 작업을 하지는 않고 있다. 웹사이트에 법관평가에 대한 지침과 법관평가제도와 관련된 논

---

[73] 이하의 내용은 필자가 2011년 작성·제출한 대법원 법원행정처 용역보고서 "각국의 법조인 평가방법에 대한 연구" 중 미국 분야와 일부 중복되는 부분이 있고, 인권과 정의 제427호에 필자가 기고한 "법관평가에 대한 비교법적 고찰" 중 미국 분야와 일부 중복되는 부분이 있다.

본 내용에는 외국의 사례를 소개하는 점에 중점을 두었던 이전과는 달리 미국의 사례를 바탕으로 우리나라에 도입하기 위한 실천적 방안 마련에 중점을 두고 좀 더 자세하고 세밀하게 집중적으로 자료를 일부 추가하여 검토하였고, 이전에 방문하였던 웹사이트가 더 이상 유효하지 않는 등으로 웹사이트를 새로 변경하여 방문하는 등 자료를 업데이트하였다.

[74] 6년~12년의 임기로 연임되는 경우가 주류이나, 70세의 정년제(Massachusetts, New Hampshire), 종신제(Rhode Island)를 채택하는 경우도 있다. http://www.judicialselection.us/judicial_selection/methods/selection_of_judges.cfm?state (2016. 5. 27. 최종 방문).

문들을 게시하고 있고, 하단에서는 법관을 평가할 수 있는 직군, 즉 배
심원(juror), 법정 참여 직원(courtroom staff), 1·2심 참여 변호사가 법
관을 평가하는 경우의 안내문과 법관 스스로 자기평가를 할 수 있도록
하는 안내문을 게시하고 있다.[75]

　2) 미국에서는 현재 연방판사에 대한 공식적인 평가제도가 존재하
지 않지만, 이에 대한 논의가 진행되어온 바가 있는데, 그 내용을 정리
하면 아래와 같다.[76]

> 　1. 최초로 1980년대에 이르러 9순회구(9th Circuit)에서 개발된 자발적 프
> 로그램(voluntary program)은 신문과 변호사협회의 비공식적 여론조사에 대
> 한 대응으로 개발되었다. "가능한 건설적으로 판사에 대한 평가가 되도록 하
> 고, 단지 흥미 위주의 잘못된, 그리고 선정적인 '여론조사'의 위험성을 회피하
> 는 데 효과적으로 기여할 것"을 기대하고 자발적, 비공개적, 자기평가 프로그
> 램을 도입하였으나 참여율이 저조하였다. 1985년도 조사에 의하면 234명의
> 판사 중 19명(8% 미만)만이 실제로 자기평가를 하였다. 두 번째로는 일리노
> 이 연방중앙지방법원(Central District of Illinois)에서 1991년에 사법부의 법
> 관위원회(Judicial Conference Committee)의 후원 하에 시행된 시험 프로그
> 램(pilot program)이다. 그런데 위 프로그램은 두 가지 측면에서 한계가 있었
> 는데, 평가자가 변호사로 한정되어 배심원, 증인 및 당사자들이 제외되었다는
> 점과 평가결과가 완전히 비밀에 부쳐져 당사자인 판사에게만 결과가 통보되
> 었다는 점이다. 여기에 평가받은 판사들은 "우리가 우리의 직무를 어떻게 수
> 행해야하는가 하는 점에 대한 우수한 지표이다"거나 "우리가 갖고자 하는 목
> 표점에 대한 것이어서 유익하다"는 평가를 하기도 하였다. 위 프로그램은 결
> 국 법관들의 수행능력을 향상시키는 데 도움을 주었다는 절반의 성공을 거두

---

75 http://www.americanbar.org/groups/judicial/conferences/lawyers_conference/
　　resources/judicial_performance_resources.html(2016. 3. 24. 최종 방문).
76 Rebecca love Kourlis and Jordan M. Singer, "A Performance Evaluation
　　Program For The Federal Judiciary", Denver university law review [vol.
　　86.1], 2008. 11. 21.

었다고 할 수가 있겠지만, 두 가지 측면, 즉 일리노이 연방중앙지방법원뿐 아
니라 다른 어느 법원에서도 더 이상 진행되지 않았다는 점 및 법관교육프로
그램이나 법원행정가 또는 대중에게 아무런 효과도 없는 극도의 제한된 범위
에 한정된 효과밖에 없었다는 점에서 명백히 실패하였다.

2. 법관평가가 아직 성공하지 못한 여러 가지 이유가 있지만 한 가지 핵심
적 근거는 법원 내에 있는 평가에 반대하는 정서이다. 그러나 법원에 의한 이
론적, 실제적 반대에 대해서는 다음과 같이 반론이 가능하다. 먼저 이론적 반
대논거에 대한 부분이다. 법관의 독립을 침해하는 것이 아닌가 하는 논거이
다. 미국사법제도발전기구(the Institute for the Advancement of the American
Legal System)와 워싱턴 주립대학의 데이비드 브로디(David Brody) 교수에 의
해 진행된 콜로라도 판사에 대한 2008년 설문조사에서 법관평가제도가 법관
의 독립을 침해한다(decrease)는 견해는 28%, 법관의 독립을 향상시킨다
(increase)는 견해는 29%, 무관하다는 견해는 44%로 나타났다. 또 다른 조사
에서는 법관평가제도에 대해서 콜로라도 판사 중 14.5%, 알래스카 판사 중
22%, 애리조나 판사 중 33%가 법관의 독립을 약화시킨다(undermine)는 견
해를 내었다. 이 조사에 따르면 법관의 절대다수는 법관평가제도가 자신들의
판결의 독립성을 손상시키지(detract) 않는다고 하고 소수가 그들의 독립성이
무시되지 않을 충격에 대해 우려하고 있음을 보여준다. 따라서 판결의 독립성
과 충돌한다는 염려 때문에 법관평가제도가 거부되어서는 안 되며 판결의 독
립성을 침해할 위험을 최소화할 수 있도록 치밀하게 발전시켜야 하겠다. 또한
연방판사에 대해서는, 단순히 실적이 좋지 않다는 이유로 해임할 수 없기 때
문에 연방판사 수준에서의 법관평가는 불필요하다는 논거이다. 그러나 연방
판사는 종신직이 보장되어 있기 때문에, 그 지위에 맞게 역할을 수행할 것과
더 성장할 것을 대중에게 약속한 것이나 마찬가지이기 때문에 더욱 법관평가
(Judicial performance evaluation)가 도입되어야 하며, 연방판사 중에서도 종
신직이 아닌 부판사(Magistrate judge)와 파산법원판사(Bankruptcy judge)에
대해서는 특히 재임용이 가능하기 때문에 이를 위한 법관평가가 이루어져야
한다. 이론적인 마지막 반대논거는 법관평가가 대중에게 잠재적으로 공개되
는 것과 관련이 있다. 우려하는 것은 우수한 평가자가 집중받지 않고 대중들
은 나쁜 평가를 받은 판사를 강조하게 된다는 것이다. 실제로 법관평가가 한

가지만에 근거하여 이루어지면 판사들이 부적절하게 등급이 부여되었다거나 특정 부분의 평가결과만이 부각되는 위험이 있다. 그러나 광범위하고 신뢰할 수 있는 정보에 근거하고 절차가 투명한 경우 선정적인 언론 또는 대중들의 지나친 위험성은 확연히 축소될 것이고 실제로 이와 관련된 증거도 있다. 다음으로 실제적인 이유를 근거로 하는 반대논거는 두 가지이다. 비용적인 문제에 관하여 보면 엄두를 못 낼 정도로 과다하지 않다. 앞서 본 일리노이 중앙지방법원에서 시행된 1991년의 시험(pilot)프로그램은 대단히 적은 비용으로 치러졌고, 더 넓은 구역에서의 유사한 평가프로그램도 ‘최소한의 비용’으로 가능하다. 비록 전국적인 규모의 법관평가프로그램은 확실히 ‘최소한의 비용‘ 이상이 발생하겠지만 현존하는 프로그램으로부터 도출되는 증거에 의하면 비용에 비추어 산출되는 효과가 더 우월한 방식으로 충분히 가능하다. 정치이슈화의 위험성 문제이다. 이에 관한 반대논거는 다음과 같다. “확실히 자기발전의 측면에서 이루어지는 법관평가에는 동의하지만 아무리 그 절차가 세밀하게 설계되었다고 하더라도 만약에 그 결과를 판사 외부에 공개하게 된다면 누구도 존재할 수 없는 제도로 정치화할 가능성이 크다.” 판사는 유일하게 사법부의 역할과 책무에 대해 이해하며 객관적이고 중립적인 방식으로 강자와 약자에 대하여 판단할 것이라고 신뢰받는다. 이 반대 논거에는 다양한 정부기관들이 판결의 절차보다는 사건의 결과에 근거하여 판사를 평가할 위원들을 선정할 것이라는 우려가 있다. 하지만 이 견해의 지지자들은 정치이슈로 전락한 법관평가프로그램의 실제 사례를 제시하지 못한다. 대신 그들은 비유로 논쟁을 한다. 확실히 법원과 의회 사이의 불신은 깊고도 넓다. 하지만 독립된 법관평가 위원회는 입법부 또는 행정부의 침해에 대한 우려를 해소하는 해결책을 보여 왔고, 그렇지 않은 명백한 증거도 없다. (중략) 법관평가를 하는 경우 변호사와 소송당사자가 법관에 대하여 반응하는 바가 다르므로 설문의 문항을 분리할 필요가 있고, 일반인과 변호사가 동수로 참여하는 독립된 위원회가 주도하여 평가의 정보를 정리하여야만 같은 정보라도 객관적으로 그 의미를 해석할 수 있다.

한편, 변호사들이 소유자인 뉴욕의 North Law Publishers라는 회사에서는 변호사들이 연방지방판사와 부판사 및 주법원 판사들을 자유롭게 평가할 수 있는 사이트를 운영하고 있는데,[77] 특정 지역이 아닌 미국의 전 지역의 판사들에 대한 평가를 10단계로 구분하여 코멘트를 하면서 직접 평가할 수 있도록 하고 그 결과를 공개하고 있다. 주목적은 변호사들에게 판사들의 정보를 제공함에 있다.[78] 웹사이트에는 연방항소법원의 경우 순회구(Circuit), 지방법원의 경우 각 지역 그리고 부판사(Magistrate judge)로 나누고 나아가 개별 주별로도 나누어 각각의 담당 판사 성명을 알파벳 순으로 클릭할 수 있도록 하여 담당 판사를 클릭하면 평가점수와 순위가 표시된다. 해당 판사를 클릭하면 평가할 수 있는 설문내용이 표시된다.

평가항목은 아래와 같다.

기질(Temperament: 1＝Awful, 10＝Excellent)
학문성(Scholarship: 1＝Awful, 10＝Excellent)
근면성(Industriousness: 1＝Not at all industrious, 10＝Highly industrious)
복잡한 소송을 다룰 능력(Ability to Handle Complex Litigation: 1＝Awful, 10＝Excellent)
시간준수(Punctuality: 1＝Chronicy Late, 10＝Always on Time)
민사사건 당사자를 공평하게 대하는가(Evenhandedness in Civil Litigation: 1＝Demonstrates Bias, 10＝Entirely Evenhanded)
형사사건 당사자를 공평하게 대하는가(Evenhandedness in Criminal Litigation: 1＝Demonstrates Bias, 10＝Entirely Evenhanded)
기일 지정의 유연성(Flexibility In Scheduling: 1＝Completely Inflexible, 10＝Very Flexible)
보석에 대한 성향(General Inclination Regarding Bail: 1＝Pro－Defense,

---

77 http://www.therobingroom.com/Default.aspx(2016. 3. 21. 최종 방문).
78 http://www.therobingroom.com/FAQs.aspx(2016. 3. 21. 최종 방문).

10 = Pro − Government)
형사사건 − 사전 심리 처리 성향(General Inclination in Criminal Cases, Pre − Trial: 1 = Pro − Defense, 10 = Pro − Government)
민사화해논의에 대한 관여(Involvement in Civil Settlement Discussions: 1 = Least Involved, 10 = Most Involved)
형사사건 − 심리 처리 성향(General Inclination in Criminal Cases, Trial: 1 = Pro − Defense, 10 = Pro − Government)
형사사건 − 선고 성향(in Criminal Cases, Sentencing: 1 = Most Lenient, 10 = Most Harsh)
협력자에 대한 감형 성향(Typical Discount Off Guidelines for Cooperators: 1 = 10%, 10 = 100%)
추가의견(Comments)

나. 주법원 판사의 경우

(1) 법관평가가 공식적으로 존재하는 주

법관평가는 오코너 법관 선발 계획(O'Connor Judicial Selection Plan)[79]의 한 요소로서 17개 주와 컬럼비아 특별구(Distric of Columbia)에서 공식적으로 존재한다.[80] 6개의 주(알래스카, 애리조나, 콜로라도, 미주리, 뉴멕시코, 유타)에서는 재임선거에 사용하기 위하여 선거인에게

---

79 오코너 플랜에 대한 자세한 내용은 http://iaals.du.edu/quality − judges/judicial − performance − evaluation − states 사이트의 하단에 링크되어 있다(2016. 3. 30. 최종 방문).
80 평가주체와 근거규정은 다소 상이하나, 대체로 독립된 위원회{사법위원회(Judicial Council) 또는 법관평가위원회(Judicial Performance Evaluation Committee)}를 설치하고 있고, 근거규정은 주헌법(Constitution) 또는 대법원 규정(Rule of Court) 등에 규정하고 있다. http://ncsc.contentdm.oclc.org/cdm/ref/collection/judicial/id/218(2016. 5. 20. 최종 방문).

제공하고 있다. 4개의 주(코네티컷, 뉴저지, 버몬트, 버지니아)와 컬럼비아 특별구에서는 법관평가가 판사재임에 대한 책임 있는 사람들에게 제공된다. 2개의 주(하와이, 뉴햄프셔)에서는 법원에 대한 신뢰를 향상시키기 위하여 법관평가의 요약 결과(예컨대, 개별 판사를 특정하지 않은 상태)가 대중에게 제공된다. 5개의 주(플로리다, 아이다호, 일리노이, 매사추세츠, 로드 아일랜드)에서는 자기 발전을 위해 오로지 판사 개인에게 제공된다.[81]

주법원을 위한 중앙센터(National Center for State Court) 웹사이트에서는 '사법부가 정부의 독립기관으로 역할을 제공하고 있지만 민주주의의 시스템은 시민에 의한 감독과 책임을 요구하는 것이고, 법관평가는 독립과 책임 사이에서의 균형을 추구하는 하나의 장치이다'라고 하면서, 법관평가조사에 대한 기술적 지원을 제공하고 있다.[82]

㈎ 전면 공개하는 주

1) 알래스카(Alaska)

알래스카의 판사는 대법원, 항소법원, 지방법원 모두 추천위원회(nominating commission)가 추천하여 주지사가 임명하고, 재임(retention) 여부에 대해서는 유권자들의 재임선거(retention election)를 통해 결정한다.[83]

알래스카 헌법에 의하여 구성된 독립된 시민위원회인 알래스카

---

81 http://iaals.du.edu/quality−judges/judicial−performance−evaluation−states (2016. 3. 30. 최종 방문).
82 NCSC는 워렌 버거 대법원장의 구상에 의하여 설립된 독립된 비영리 조직이다. 주법원 사법행정의 개선을 지원하기 위하여 연구와 정보서비스, 교육 및 상담을 제공하고 있다. http://www.ncsc.org/Topics/Judicial−Officers/Judicial−Performance−Evaluation/Resource−Guide.aspx(2016. 3. 30. 최종 방문).
83 http://www.judicialselection.us/judicial_selection/methods/selection_of_judges.cfm?state(2016. 3. 28. 최종 방문).

사법위원회(Alaska Judicial Council)가 변호사, 치안담당관 및 보호관찰관, 법정 직원, 배심원, 사회복지사 및 해당 판사에 대한 인터뷰, 또는 다른 여러 수단을 통해 얻은 정보에 의해 재임대상 판사에 대하여 평가를 하고, 평가결과와 정보는 위원회 웹사이트에 공개하는 외 유권자들에게 '공식 선거 팜플렛(Official Election Pamphlet)'에 포함되어 보내는 방법으로도 공개된다. 위원회는 7인으로 구성되는데, 알래스카 변호사회에서 임명한 3인, 의회의 인준 하에 주지사가 임명한 비법률가 3인 및 의장인 주대법원장이 그 위원이다.[84] 5개의 영역{법적 능력(legal ability), 공정성(impartiality), 진실성(integrity), 기질(temperament), 근면성(diligence)}을 평가대상으로 한다.[85]

구체적 평가항목은 아래와 같고 5단계(poor, deficient, acceptable/average, good, excellent) 평가를 한다.[86]

　* 판사가 재판의 진행과 재판 참가자들에게 주의를 기울였는가?
　　(Did the judge pay attention to the proceedings and participants?)
　0. 참가자들의 발언에 주의를 기울였는가?
　　(Did the judge pay attention when participants spoke?)
　0. 가만히 있지 못하거나 졸고 있는 배심원들에게 주의를 주었는가?
　　(Did the judge watch for restless or napping jurors?)
　0. 방청객을 모니터링하였는가?
　　(Did the judge monitor the gallery?)
　** 판사가 법정을 통제하였는가?

---

84 http://iaals.du.edu/sites/default/files/documents/publications/alaskajpe.pdf (2016. 4. 1. 최종 방문).
85 http://iaals.du.edu/sites/default/files/documents/publications/alaskajpe.pdf (2016. 4. 1. 최종 방문).
86 http://www.ajc.state.ak.us/retention/retent2010/ret10.html ⇒other information ⇒ Alaska Judicial Observers Report, pp5~6(2016. 3. 30. 최종 방문).

(Did the judge maintain control of the courtroom?)

0. 배심원이 집중하고, 방청객이 조용히 하며 존중하도록 하였는가?

(Did the judge ensure the jury was attentive and that the gallery was quiet and respectful?)

0. 변호사로 하여금 적절히 행동하도록 하였는가?

(Did the judge make sure attorneys behaved properly?)

0. 감정분열이나 감정의 폭발이 통제되었는가?

(Were disruptions or outbursts of emotion controlled?)

0. 감정이 격화되었을 때 휴정을 요청하였는가?

(Were recesses called when emotions ran high?)

*** 판사가 크고 또렷하게 발언하였는가?

(Did the judge speak loudly and clearly?)

0. 지시와 판결이 분명하게 잘 들렸는가?

(Were the judge's instructions and rulings clearly audible?)

0. 마이크가 잘 작동하였는가?

(Did the court microphones work effectively?)

**** 판사가 이해할 수 있고 이치에 맞는 발언을 하였는가?

(Did the judge make remarks that were understood and that made sense?)

0. 배심원을 포함한 해당 사건 관련자들이 판사의 발언을 이해하였는가?

(Did the people involved in the case, including jurors, appear to understand the judge's remarks?)

0. 익숙하지 않은 법 용어를 사용하였는가, 아니면 알기 쉬운 영어로 발언 하였는가?

(Did the judge use many unfamiliar legal terms or did they speak in plain English?)

0. 판사가 자신의 발언을 상대방이 이해하였는지 확인하는 조치를 취하였나?

(Did the judge take action to ensure that their remarks were understood?)

***** 판사가 원고나 피해자에게 이해와 관심을 보였는가?

(Did the judge show understanding and consideration to the plaintiff or victim?)

0. 원고나 피해자의 감정에 민감하게 반응하였는가?

(Was the judge sensitive to the plaintiff's or victim's emotional situation?)

0. 원고나 피해자에게 부정적인 태도를 보였는가?

(Did the judge display a negative attitude toward the plaintiff or victim?)

0. 원고나 피해자를 정중하게 대하였는가?

(Did the judge treat the plaintiff or victim with respect and courtesy?)

0. 선고 시 피해자나 그의 가족에게 판결에 영향을 끼칠 수 있는 발언을 할 권리에 대하여 말하였는가?

(During sentencing, did the judge tell the victim or their family about their right to present an impact statement?)

****** 판사가 피고인에게 이해심을 보여 주고 배려해 주었는가?

(Did the judge show understanding and consideration to the defendant?)

0. 피고인의 감정상태에 민감하게 반응하였는가?

(Was the judge sensitive to the defendant's emotional situation?)

0. 피고인에 대하여 부정적인 태도를 보였는가?

(Did the judge display a negative attitude toward the defendant?)

0. 피고인을 정중하게 대하였는가?

(Did the judge treat the defendant with respect and courtesy?)

0. 선고 시 피고인에게 진술할 권리에 대하여 말하였는가?

(During sentencing, did the judge tell the defendant about their right to present a statement?)

******* 판사가 재판 참가자들에게 절차에 대해 설명하였는가?

(Did the judge explain the proceedings to participants?)

0. 판사의 설명과 결정이 이해하기 쉬웠나, 아니면 혼란스러웠나?

(Were the judge's explanations and decisions understandable or confusing?)

0. 판사는 스스로를 변호하는 피고인이 일련의 절차에 대해 분명히 이해하도록 하였는가?

(Did the judge ensure that a defendant representing themselves understood the sequence of the proceedings?)

******** 판사가 모든 재판 참가자들을 전문가로서 대하였는가?

(Did the judge treat all participants professionally?)

0. 단호하고 공정하며 객관적이었는가?

(Did the judge remain firm, fair and objective?)

0. 변호사들을 동료 전문가로서 존경을 담아 대하였는가?

(Did the judge treat the attorneys with respect and as fellow professionals?)

0. 모든 재판 참가자들에게 직접, 그리고 적절하게 말하였는가?

(Did the judge speak to all participants directly and appropriately?)

********* 판사가 어느 한쪽에만 호의적이었는가?

{Did the judge favor either side? (yes/no)}

0. 판결, 태도, 그리고 행위가 공정했는가?

(Did the judge remain impartial in statements, attitude and actions?)

0. 어느 한쪽을 모욕하거나 폄하하였는가?

(Did the judge insult or undermine either side?)

********** 선고 시 판사는 관대하거나 합리적이거나 엄격했는가?

(During sentencing, was the judge lenient, reasonable or severe?)

0. 형에 대한 설명이 실제 내려진 형에 반영되어 있는가?

(Was the judge's explanation of the sentence reflected in the actual sentence?)

0. 법에 대한 판사의 설명을 고려할 때, 선고된 형이 해당 사건에 비추어 적절했나?

(In consideration of the judge's explanation of the law, did you think the sentence was appropriate to the circumstances of the case?)

2) 애리조나(Arizona)

애리조나의 대법원 및 항소법원의 판사는 추천위원회(nominating commission)가 추천하여 주지사가 임명하고, 지방법원 판사는 당파 선거와 비당파 선거[87] 또는 추천위원회를 통한 주지사의 지명(partisan primary; nonpartisan general election/gubernatorial appointment from nominating commission)에 의하는 방법으로 선발하고 재임은 대법원 판사와 항소법원 판사는 재임선거에 의해서, 지방법원 판사는 재선거나 재임선거(reelection/retention election)에 의하여 결정한다.[88] 1992년 애리조나주 헌법 개정을 통해 설립된 애리조나 법관평가검토위원회 (Arizona Commission on Judicial Performance Review)가 임기가 끝나는 모든 판사들에 대한 재임선거에 있어 유권자들에게 판사들의 정보를 제공하기 위해 평가한다. 위원회는 일반인을 포함하여 34명 이하로 구성되는데, 변호사와 판사는 각각 6명을 초과할 수 없다. 위원회는 설문지를 통해 법관들이 어떻게 자신의 직무를 수행하고 있는지에 대해 정보를 수집하고 공청회를 개최하기도 한다. 설문의 대상은 변호사, 배심원, 소송 당사자, 증인, 법원 직원, 후보자 외의 판사들 등 법원, 그리고 재판에 관련된 사람들을 대상으로 진행된다. 위원회는 그 결과를 바탕으로 해당 판사가 직무에 적합한지, 적합하지 않은지에 대해 평가하는데, 이때 해당 후보자의 이름은 삭제하고 각 후보자에게 고유의 번호를 부여하여 위원회 회원들이 판사를 평가할 때 어떠한 개인적인 선입견이나 당파성이 반영되지 않도록 한다.

---

87 비당파선거는 2명 이상의 후보자가 출마하게 되면 1차선거를 치르고 과반득표자가 없으면 최다득표자 2명이 다시 일반선거(general election)를 하는 방식이다. 당파 시스템과 비당파 시스템에 대해서는 아래 미주리 주 및 플로리다 주의 항목 참조.

88 http://www.judicialselection.us/judicial_selection/methods/selection_of_judges.cfm?state(2016. 5. 20. 최종 방문).

이렇게 작성된 평가결과는 재임선거 후보자들에게 보내지고 이에 대해 후보자들은 문제가 있다고 판단할 경우 표결회의(Public Vote Meeting)에 참석하여 자신에 대한 변론을 할 수 있다. 이런 과정을 거쳐 완성된 평가결과는 각 후보자의 선거 팜플렛을 통해 또는 본 위원회의 웹사이트를 통해 유권자들에게 공개된다. 판사의 임기 중반과 후반에 두 번 진행된다.

5개의 영역{법적 능력(legal ability), 진실성(integrity), 소통능력(communication skills), 법적 기질(judicial temperament), 관리능력(administrative performance)}을 평가대상으로 한다.[89]

구체적인 평가항목은 다음과 같고 5단계 평가(Superior, Very Good, Satisfactory, Poor, Unsatisfactory)를 한다.[90] [91]

* 진실성(Integrity)
0. 전문가로서 행동(Exhibits professional conduct)
0. 모든 사람들에 대한 동등한 대우(Exhibits equal treatment to all)
0. 공정 및 공명정대(Exhibits fairness and impartiality)
0. 인간적 진실성(Exhibits personal integrity)
0. 법정에서 그리고 판사의 능력에 있어서 방청객에게 신뢰를 주었는지 (Exhibits conduct that promotes public confidence in the court and the judge's ability.)
** 대화의 기술(Communication Skills)
0. 명확하고 논리적인 구두 대화 및 지시(Gives clear and logical oral communications/directions.)

---

89 http://iaals.du.edu/sites/default/files/documents/publications/arizonajpe.pdf (2016. 4. 1. 최종 방문).
90 http://www.azjudges.info(2016. 4. 1. 최종 방문).
91 http://www.azjudges.info/Judicial—Performance—Reports/Judicial—Report/courtid/1/benchid/1(2016. 3. 30. 최종 방문).

0. 효율적인 경청(Listens effectively.)

0. 재판참여자에게 적절한 정보제공(Keeps everyone appropriately informed.)

0. 명확하고 논리적인 서면 연락(Produces clear and logical written communication.)

0. 시의적절한 대처(Responds in a timely manner.)

*** 법적 기질(Judicial Temperament)

0. 참을성(Is patient.)

0. 예절준수(Is courteous.)

0. 접근성(Is accessible.)

0. 적절한 상황대처(Responds appropriately to the circumstance.)

**** 행정수행능력(Administrative Performance)

0. 모든 면에 대한 숙지(Is well informed on all aspects of work.)

0. 어려운 결정을 기꺼이 할 의사(Is willing to make difficult decisions.)

0. 시간준수(Is punctual.)

0. 시의적절한 결정(Makes decisions in a timely manner.)

0. 문제해결능력(Is resourceful in resolving problems.)

0. 행정 결정의 공정성(Exhibits impartiality in administrative decisions.)

0. 합리적이고 신중한 재판분담(Makes reasonable and prudent judicial assignments.)

0. 공정한 재판분담(Exhibits impartiality in making judicial assignments.)

0. 공정한 자원배치(Exhibits impartiality in allocation of resources.)

0. 판사와 직원들에게 적절한 교육 제공(Provides for appropriate training for judges and staff.)

0. 결정을 내리기 전 조언을 구하는지 여부(Asks for input before reaching decisions.)

0. 성실성(Works diligently.)

0. 변화에 대한 고려와 반영(Considers and implements change.)

0. 조직보전능력(Displays organizational integrity.)

***** 행정적 기술(Administrative Skills)

0. 책임성 있는 집중력(Establishes a clear focus for projects for which

he/she is responsible.)

0. 쟁점분석 능력(Has the ability to identify and analyze relevant issues.)

0. 법원조직의 효과적인 운영에 필요한 자원에 대한 명확한 판단과 확보 능력(Accurately assesses and attempts to secure the resources necessary for the effective functioning of the court system.)

0. 다양성에 대한 수용성(Accepts and incorporates diversity.)

0. 다른 사람들을 지도하고 발전시키는지 여부(Coaches and develops others.)

0. 동료들과 협력(Cooperates with peers.)

0. 직원들과 협력(Cooperates with staff.)

0. 효과적인 책임분산(Effectively delegates responsibility.)

0. 협력적인 환경 조성(Creates a cooperative environment.)

3) 콜로라도(Colorado)

콜로라도의 판사는 대법원, 항소법원, 지방법원 모두 추천위원회(nominating commission)가 추천하고 주지사가 임명하며, 재임은 재임선거에 의한다.[92] 콜로라도의 법관평가는 1988년 법률에 의하여 실시되었고 중간평가와 재임에 앞선 평가가 있다. 법관평가에 관하여는 주위원회(The State Commission on Judicial Performance)가 관리하는데, 주위원회는 각 1심 판사를 평가하는 22개의 지역위원회를 관리한다. 지역위원회는 6명의 비법률가, 4명의 법률가 합계 10명의 위원으로 구성되며 주지사와 대법원장이 각각 1명의 법률가 및 2명의 비법률가를 선정하고, 하원의장과 상원의장이 각 1명의 법률가 및 1명의 비법률가를 선정하는데, 각 위원은 4년의 임기를 각각 달리 시작한다. 판

---

92 http://www.judicialselection.us/judicial_selection/methods/selection_of_judges.cfm?state(2016. 5. 20. 최종 방문).

사는 6개 영역에 대하여 평가를 받는데, 진실성(integrity), 법률지식
(legal knowledge), 의사소통 능력(communication skills), 법률적 기질
(judicial temperament), 관리능력(administrative performance), 법률가
및 공중에 대한 서비스(service to the legal profession and the public)가
그것이다. 항소판사의 경우 변호사와 법정직원, 동료 항소판사 및 1심
판사를 대상으로 설문을 하며, 1심 판사의 경우 변호사, 배심원, 증인,
소송당사자, 법정직원, 법정통역, 법 집행요원, 범죄 피해자, 사회복지
사건 취급자(social service case workers) 및 항소판사를 대상으로 설문
한다. 또한 위원들은 판사의 자기평가, 위원들에 의한 법정 관찰, 사
건처리 통계, 판사들에 대한 면접 및 판결·결정에 대한 검토에 대해
서도 고려한다. 중간평가는 자기 개선을 위한 용도이고, 임기 말 평가는
재임여부에 대한 의견과 함께 그 결과가 유권자 가이드(the Colorado
Blue Book)에 포함되고, 법관평가 웹사이트에 개별 법관별로 보고서
가 게시되어 있다.[93]

변호사를 대상으로 한 설문내용은 아래와 같다.[94]
　* 사건관리(Case Management)
　　0. 심리 후 지체 없는 판결 선고(Promptly issuing a decision on the
　　　case after trial)
　　0. 절차의 적절한 통제(Maintaining appropriate control over proceedings)
　　0. 예심발의에 대한 지체 없는 결정(Promptly ruling on pre−trial motions)
　　0. 합리적인 사건관리 계획수립(Setting reasonable schedules for cases)
　** 법의 적용과 지식(Application and Knowledge of Law)
　　0. 관련 사실의 확정과 분석능력(Being able to identify and analyze

---

93 http://iaals.du.edu/sites/default/files/documents/publications/coloradojpe.pdf
　(2016. 3. 31. 최종 방문).
94 http://www.coloradojudicialperformance.gov/retentionpdfs/2014/Dst%2017%
　20Robert%20Walter%20Kiesnowski,%20Jr..pdf(2016. 5. 29. 최종 방문).

relevant facts)

0. 증거와 주장에 대한 근거 있는 결정(Basing decisions on evidence and arguments.)

0. 사실과 법률의 오류에 대한 재고의지(Willing to reconsider error in fact or law)

0. 유사한 사안에 대한 일관성 있는 판결 선고(Issuing consistent sentences when the circumstances are similar)

*** 소통능력(Communications)

0. 참여자에게 절차를 명확하게 이해시키는 능력(Making sure all participants understand the proceedings)

0. 명확하고 논리적으로 잘 정돈된 서면 연락 방법 제공(Providing written communications that are clear, thorough and well reasoned)

**** 처신(Demeanor)

0. 진실성 있는 절차 진행(Giving proceedings a sense of dignity)

0. 존중심을 갖춘 당사자 대우(Treating participants with respect)

0. 중립적인 법정 관리(Conducting the courtroom in a neutral manner)

0. 일관성 있는 법령적용(Consistently applying laws and rules)

***** 근면성(Diligence)

0. 관련 법령의 적용에 있어 훌륭한 판단력(Using good judgment in application of relevant law and rules)

0. 사건관리를 위해 잘 준비된 노력(Doing the necessary "homework" and being prepared for cases)

0. 복잡하고 어려운 사건에 대해 기꺼이 대처하는 태도(Being willing to handle cases on the docket even when they are complicated and time consuming)

비법률가를 대상으로 한 설문내용은 아래와 같다.

* 처신(Demeanor)

0. 진실성 있는 법정 절차 진행(Giving court proceedings a sense of

dignity)

0. 정중하고 존중심을 갖춘 사건 당사자 대우(Treating participants in the case politely and with respect)
0. 중립적인 법정 관리(Conducting the courtroom in a neutral manner)
0. 판사 앞에 나타난 사람들에 대한 연민과 인간적 이해심 보유(Having a sense of compassion and human understanding for those who appear before the judge)

** 공정성(Fairness)

0. 충분한 해명 기회 부여(Giving participants an opportunity to be heard)
0. 편향되지 않은 사건 관련자 대우(Treating those involved in the case without bias)
0. 스스로를 변호하는 사람들을 공평하게 대우(Treating fairly people who represent themselves)
0. 자신의 사건을 설명할 충분한 시간 부여(Giving each side enough time to present his or her case)

*** 소통능력(Communications)

0. 참여자에게 절차 및 법정에서 진행되는 상황에 대해 명확하게 이해시키는 능력(Making sure participants understand the proceedings, and what's going on in the courtroom)
0. 모든 사람들이 이해할 수 있는 언어 사용(Using language that everyone can understand)
0. 법정에 있는 사람들이 충분히 이해할 수 있는 명확한 발언(Speaking clearly so everyone in the courtroom can hear what's being said)

**** 근면성(Diligence)

0. 정시에 법정개정(Beginning court on time)
0. 절차에 대한 적절한 통제의 유지(Maintaining appropriate control over proceedings)
0. 합리적인 사건관리계획 수립(Setting reasonable schedules for cases)

0. 사건 진행을 위한 준비성(Being prepared for cases)
0. 시간 허비가 없는 법정 진행 관리(Managing court proceedings so that there is little wasted time)
***** 법률 적용(Application of Law)
0. 합리적인 결정(Giving reasons for rulings)
0. 외부의 압력에 영향을 받지 않는 태도(Willing to make decision without regard to possible outside pressure)
0. 관련 사실의 확정과 분석 능력(Being able to identify and analyze relevant facts)

4) 미주리(Missouri)

대법원과 항소심 판사는 추천위원회(nominating commission)가 추천하고 주지사가 임명하며, 지방법원 판사는 당파선거에 의해 그러나 캔자스 시티, 스프링 필드, 세인트 루이스에서는 추천위원회 후보자들 중에서 주지사가 임명한다. 재임은 대법원과 항소법원 판사는 재임선거를, 지방법원 판사는 재선거 또는 재임선거를 통한다.[95] 미주리는 판사선발에 있어서 당파 시스템과 비당파 시스템(a partisan system and a Non-Partisan Court Plan) 두 개의 제도를 갖고 있다. 전자는 당이 선출한 판사들이 반대가 없는 한 경쟁자에 대항하여 당을 표시하고 (under a party label against challengers) 참가하며, 유권자는 일반선거 (regular elections) 동안 그들의 지역 판사를 선출한다. 이렇게 선출된 판사들은 각 임기말에 재임을 받아야 한다. 이와는 달리 후자의 경우는 경쟁자에 반대하여 참가하는 것이 아니다. 유권자는 판사들의 성과에 기초하여 찬성 혹은 반대의 투표를 한다. 이러한 비당파 시스템에

---

95 http://www.judicialselection.us/judicial_selection/methods/selection_of_jud ges.cfm?state(2016. 5. 20. 최종 방문).

의한 판사는 재임을 위한 선거운동이 금지되어 있으므로 이러한 판사
들에 대해서는 유권자들에게 정보를 제공해 줄 필요성이 있게 된다.[96]
이를 위하여 미주리 변호사회는 1948년부터 재임대상 판사를 평가해왔
다. 2008년 대법원 규정에 의하여 더욱 정교한 프로그램이 도입되었
다. 항소심 판사 및 미주리 비당파법원 계획(the Missouri Non-Partisan
Court Plan, 이하 '미주리플랜'이라고 함)에 종속되는 1심 판사는 재임에
앞서 평가받는다. 항소법관평가위원회(an Appellate Judicial Performance
Evaluation Committee)와 미주리플랜에 종속되는 6개의 1심법원 판사
평가를 위한 지방법원 법관 평가위원회(a Circuit Judicial Performance
Evaluation Committee)가 존재한다. 각 위원회는 각각 6년의 임기를 달
리 시작하는 6명의 변호사와 6명의 비법률가로 구성된다. 위원은 각
지역변호사회, 정부위원회의 구성원, 비법률가 시민의 추천자 중에서
미주리 변호사회에 의하여 임명된다. 5개의 영역에 대하여 평가받는데,
공정하고 중립적인 재판 운용(administering justice fairly and impartially),
능숙한 법적 분석 및 적정한 법률 적용에 바탕을 둔 판결(making
decisions based on competent legal analysis and proper application of
law), 명확하게 납득되는 판결과 결정(issuing decisions and rulings that
are clearly understood), 지체 없는 결정을 포함하여 효과적이고 능률적
인 법정 및 책임 부서의 관리(effectively and efficiently managing his/her
courtroom and the administrative responsibilities of office including
issuance of decisions in a prompt manner), 윤리적이며 위엄을 갖추고
성실성과 인내성에 기반한 행동을 하는지(acting ethically and with
dignity, integrity and patience) 등이 그것이다. 항소심 판사의 평가는
변호사 평가, 위원회의 5가지 서면의견(five written opinions)[97]에 대한 검

---

96 http://www.yourmissourijudges.org/judges(2016. 5. 20. 최종 방문).
97 각각의 해당 판사가 작성하여 위원회에 제출하게 된다. http://www.your

토, 대중의 평가, 법정에서의 개인적 관찰, 판사에 대한 면담(interviews), 동료판사의 설문조사에 근거하여 이루어진다. 1심판사의 평가는 변호사, 배심원, 위원회의 3가지 서면의견(three written opinions)[98]에 대한 검토, 대중의 평가, 법정에서의 개인적 관찰, 판사에 대한 면담(interviews), 항소심에서의 파기율(reversal rates on appeal)에 근거하여 이루어진다. 평가결과는 미주리 변호사회의 웹사이트에 개개 판사별로 자세하게 게시된다.[99] [100] 이러한 판사 그룹에 대한 유권자의 정보를 제공하기 위하여 웹사이트를 운영하고 있다.[101] 평가자별로 평가항목이 다소 상이하며 자세한 내용이 웹사이트에 게시되어 있는데, 각 항목에 대하여 5단계 평가(Strongly Agree, Agree, Neither Agree nor Disagree, Disagree, Strongly Disagree)를 한다.[102]

세부 항목은 아래와 같다.

0. 판사는 당사자를 공평하게 대우하였다.

   (The judge treated the parties equally.)

0. 판사는 결정 전에 양 당사자의 주장에 대해 주의깊게 고려하였다.

   (The judge carefully considered arguments from both sides before ruling.)

---

missourijudges.org/evaluations/criteria/ 하단 부분 참조(2016. 4. 20. 최종 방문).

98 각각의 해당 판사가 작성하여 위원회에 제출하게 된다. http://www.your missourijudges.org/evaluations/criteria/ 하단 부분 참조(2016. 4. 20. 최종 방문).

99 http://iaals.du.edu/sites/default/files/documents/publications/missourijpe. pdf(2016. 4. 5. 최종 방문).

100 http://www.yourmissourijudges.org/wp-content/uploads/2014/09/quigless-lawyers.pdf(2016. 4. 20. 최종 방문).

101 http://www.yourmissourijudges.org/judges(2016. 4. 20. 최종 방문).

102 http://www.yourmissourijudges.org/evaluations/criteria(2016. 4. 20. 최종 방문).

0. 판사는 중립적인 태도로 절차를 진행하였다.
   (The judge conducted the proceeding in a neutral manner.)
0. 판사는 법정에서 전문가적 처신을 유지하였다.
   (The judge maintained a professional demeanor in the courtroom.)
0. 판사는 사전에 재판에 대해 준비하였다.
   (The judge was prepared for court.)
0. 판사는 결정에 적용 가능한 실질적인 법을 활용하였다.
   (The judge's ruling cited the applicable substantive law.)
0. 판사는 적절한 절차 규정을 준수하였다.
   (The judge adhered to appropriate rules of procedure.)
0. 판사는 당해 사건에 적절한 증거 법칙을 적용하였다.
   (The judge applied rules of evidence relevant to the case.)
0. 판사는 쟁점에 해당하는 주제로 당사자를 도와주었다.
   (The judge assisted parties in narrowing key issues in dispute.)
0. 판사의 판결은 제출된 증거에 따라 논리적으로 이루어졌다.
   (The judge's decision followed logically from the evidence presented.)
0. 판사는 명확하게 작성된 서면으로 명령을 내렸다.
   (The judge issued an order that was clearly written.)
0. 판사는 법정에서 개개인에 대하여 존경심을 갖고 말을 하였다.
   {The judge addressed individuals (e.g., attorneys, court staff, litigants, public, witnesses) respectfully in the courtroom.}
0. 판사는 필요한 경우 결정에 대하여 적절하게 설명하였다.
   (The judge gave reasons for a ruling when needed.)
0. 판사는 법정 절차가 진행되는 동안 주의 깊게 경청하였다.
   (The judge listened carefully during the court proceeding.)
0. 판사는 적시에 개정하였다.
   (The judge started courtroom proceedings on time.)
0. 판사는 각각의 사건에 적절한 시간을 할애하였다.
   (The judge allowed the appropriate amount of time for each case.)

0. 판사는 법정에서 시간을 효율적으로 사용하였다.

(The judge used courtroom time efficiently.)

0. 판사는 법정 절차에 대하여 당사자에게 명확하게 이해시켰다.

{The judge made sure all parties(attorneys and their clients) understood the court proceedings.}

0. 판결에 필요한 판례법의 양을 고려할 때 판결제공은 지체 없이 이루 어졌다.

(Considering the amount of case law required to make the decision, the judge was prompt in rendering a decision.)

5) 뉴멕시코(New Mexico)

판사는 대법원, 항소법원, 지방법원 모두 정당의 관여 하에 치러지는 주민선거(partisan election)를 통해 선출하고, 재임은 주민들의 재임선거를 거친다.[103] 1997년 대법원이 설립한 법관평가위원회(Judicial Performance Evaluation Commission)가 법관평가를 시행하고 있다. 평가위원회는 최 대 15명으로 하여 7명의 법률가와 8명의 비법률가로 구성되어 있고, 뉴멕시코 대법원에 의하여 임기가 상이하게 시작하도록 하여 임명된 다.[104] 평가의 목적은 판사들의 능력을 향상시키고 선거기간 동안 유 권자들이 판사들의 재임여부를 결정함에 있어 유용하고 신뢰할 수 있 는 정보를 제공하기 위함이다. 두 번의 법관평가가 이루어지는데, 첫 번째는 판사의 활동을 고취시키기 위한 일종의 중간평가로 일반에 공 개되지 않고, 두 번째는 재임선거 전에 이루어지는 평가로 유권자들이 판단함에 있어 도움이 될 수 있는 정보를 제공하기 위한 것으로 위원

---

103 http://www.judicialselection.us/judicial_selection/methods/selection_of_jud ges.cfm?state(2016. 5. 20. 최종 방문).

104 http://www.nmjpec.org/en/staff/jpec-commissioners(2016. 3. 28. 최종 방 문).

회 홈페이지에 공개한다. 평가는 서면을 통해, 그리고 후보자들의 인
터뷰를 통해 이루어진다.[105] 2002년부터 2014년까지의 대상자에 대한
평가결과 및 선거결과가 각각의 판사별로 게시되어 있다.[106]

평가항목은 아래와 같고 3단계(Agree, Partialy Agree/Partialy Disagree,
Disagree) 평가를 한다.[107]

* 법적 능력(Legal Ability)

0. 실체법과 관련 절차규칙 및 증거규칙에 대한 이해(Understanding
of the substantive law and relevant rules of procedure and
evidence)

0. 사실적, 법적 쟁점들에 대한 이해와 주의력(Awareness and
attentiveness to the factual and legal issues before the court)

0. 법률, 사법절차 및 다른 적절한 법적 권원의 적절한 적용(Proper
application of statutes, judicial precedents, and other appropriate
sources of legal authority)

** 공정성(Fairness)

0. 부적절한 행동의 회피(Avoiding impropriety or the appearance of
impropriety)

---

105 http://www.nmjpec.org/en/how－we－evaluate/evaluation－process(2016.
3. 28. 최종 방문).

106 http://www.nmjpec.org/en/judge－evaluation?election_id＝198&year＝2014
(2016. 3. 28. 최종 방문).
위 사이트에서는 평가결과가 공시되어 있는데 대법원 판사, 항소법원 판사,
지방법원 판사 별로 평가결과를 게시하고 있고, 각 군에 소속된 개별 판사
를 클릭하면 평가결과 하단에 평가자별로 해당 평가내용이 함께 게시되어
있다. 판사의 소속법원에 따라 평가자가 다소 상이하다.
대법원 판사 또는 항소법원 판사의 경우는 변호사, 법정직원(court staff) 및
항소법원 판사, 지방법원 판사가 평가하고, 지방법원 판사의 경우는 변호사,
법정직원 및 보조직원(resource staff) 또는 배심원(jurors)이 평가한다.

107 http://www.nmjpec.org/en/how－we－evaluate/overall－factors(2016. 3.
28. 최종 방문).

0. 소송 당사자들에 대한 공정한 대우(Displaying fairness and impartiality toward all parties)

0. 당사자 한쪽에 치우친 대화의 회피{Avoiding ex parte communications (communications where all parties in a court case are not present)}

*** 대화 기술(Communication Skills)

0. 모든 구두 결정에 대한 명확한 설명(Clearly explaining all oral decisions)

0. 명확한 서면을 통한 명령·의견 제시(Issuing clear written orders and/or opinions)

0. 심리에 있어 배심원들에게 관련 정보의 명확한 설명(For trial judges, clearly explaining relevant information to the jury)

**** 재판절차에 대한 준비성, 정중함, 기질 및 통제(Preparation, Attentiveness, Temperament, and Control over Proceedings)

0. 모든 심문·심리에 대한 준비(Being prepared for all hearings and/or trials)

0. 재판 시간의 효율적 사용(Using court time efficiently)

0. 불필요한 지연 없는 의견·명령의 고지(Issuing opinions or orders without unnecessary delay)

0. 효율적인 법정운용(Effective courtroom management)

0. 효율적인 사건관리(Effective overall case management)

6) 유타(Utah)

판사는 대법원, 항소법원, 지방법원 모두 추천위원회가 추천하고 주지사가 상원의 인준 하에 임명한다(gubernatorial appointment from nominating commission with senate confirmation). 재임선거를 통하여 재임여부가 결정된다. 법관평가위원회(The Judicial Performance Evaluation Commission)는 2008년 의회에 의하여 설립되었다. 위원회는 13명으로 구성되는데, 대법원과 정부에서 각각 4명을 선임하고, 상원의장과 하원의장이 각각 2명을 선임하며, 형사 청소년 판사 위원회(the Commission on Criminal and Juvenile Justice)의 위원장이 참여한다. 법률가가 7명을 초과할 수 없고, 정부에서 선임된 위원의 과반이 동일한 정당으로 구성될 수 없다. 그 목적은 판사의 재임이 적절한지를 유권자가 결정할 수 있도록 정보를 제공하고, 판사들에게는 더 나은 판사가 될 수 있고 사법품질을 향상시킬 수 있도록 유용한 자료를 제공하며, 사법부가 정부와 독립적으로 계속 작동할 수 있도록 사법부의 공적 책임을 향상시키고자 함에 있다. 이러한 목적을 달성하기 위하여 법관평가위원회는 변호사, 배심원 및 법정 직원들을 포함하여 해당 판사와 충분한 경험이 있는 사람들에 대한 설문조사를 진행한다. 평가대상과 관련하여 설문응답자들은 법적 능력(legal ability), 진실성 및 법적 기질(integrity and judicial temperament), 행정능력(administrative ability)에 대하여, 법정 참관인은 절차진행의 공정성(Procedural Fairness)에 대하여 평가한다. 판사가 재임되는 경우 위원회는 해당 판사가 재임에 적합한지에 관하여 추천을 하고(makes a public recommendation), 궁극적으로는 유권자가 결정한다. 대법원 판사를 포함하여 재임대상이 되는 모든 판사가 평가를 받는다. 판사는 개별 설문지를 볼 수 없고, 반환된 설문지의 결과를 편집한 합성보고서를 볼 수 있을 뿐이다. 보고서에는 설문에 참여한 사람들에 의하여 작성된 코멘트도 포함된다. 그러나 누가 평가를 하였는지에 대한 개인식별 자료는 삭제된다.[108] 구체적인 개별 평가결과 보고서는 해당 판사별로 웹사이트에 게시된다.[109]

세부항목은 아래와 같다.[110]

108 http://iaals.du.edu/sites/default/files/documents/publications/utahjpe.pdf (2016. 5. 21. 최종 방문).
109 http://www.judges.utah.gov/faq.html(2016. 4. 20. 최종 방문).
110 https://judges.utah.gov/docs/Retention/2016/District/2016%20−%20District%

* 법적 능력(Legal Ability)

0. 판사는 각각의 사건에 적합한 법률(예컨대 민사절차법, 형사절차법, 증거법, 소년법, 항소법)을 적용한다.

{The judge follows the applicable legal rules (e.g. civil procedure, criminal procedure, evidence, juvenile, appellate) that apply to the case at issue.}

0. 판사는 사실을 적절히 확정하고 관련 법률을 적용한다.

(The judge makes appropriate findings of fact and applies the law to those facts.)

0. 판사는 법률적 선례를 준수하고 선례와 다른 경우에는 명확히 설명한다.

(The judge follows legal precedent or clearly explains departures from precedent.)

0. 판사는 오로지 기록에 있는 증거만을 고려한다.

(The judge only considers evidence in the record.)

0. 판사의 서면 의견은 중요한 법적 분석을 제공한다.

(The judge's written opinions/decisions offer meaningful legal analysis.)

0. 판사의 서면 의견은 쉽게 이해되는 간결한 결정을 내포한다.

(The judge's written opinions contain a readily understandable, concise ruling.)

** 진실성 및 법적 기질(Integrity & Judicial Temperament)

0. 판사는 법정에서의 모든 사람들이 올바르게 행동하도록 한다.

(The judge makes sure that everyone's behavior in the courtroom is proper.)

0. 판사는 법정에서 진행되는 일에 주의를 기울인다.

(The judge appears to pay attention to what goes on in court.)

0. 판사의 사적인 생활이나 신념이 자신의 재판수행을 손상시키지 않는다.

(The judge's personal life or beliefs do not impair his or her judicial performance.)

0. 판사는 법정 출석에 소요되는 시간과 비용에 대하여 존중심을 실제로 보여준다.

(The judge demonstrates respect for the time and expense of those attending court.)

0. 판사는 영어 외의 언어를 사용하는 사람들이나 육체적, 정신적 제약을 가진 사람들을 위하여 사법시스템 접근권을 향상시킨다.

(The judge promotes access to the justice system for people who speak a language other than English, or for people who have a physical or mental limitation.)

*** 행정능력(Administrative Skills)

0. 판사는 법정 절차에 잘 준비되어 있다.

(The judge is prepared for court proceedings.)

0. 판사와 법정 참가자들 및 직원들 사이의 소통관계는 전문적이며 건설적이다.

(The judge's interactions with courtroom participants and staff are professional and constructive.)

0. 판사는 효과적인 관리자이다.

(The judge is an effective manager.)

0. 판사는 법정을 부당하게 지연하여 개정하지 않는다.

(The judge convenes court without undue delay.)

0. 판사는 적절한 방식으로 결정한다.

(The judge rules in a timely fashion.)

0. 판사는 성실한 업무 태도를 견지한다.

(The judge maintains diligent work habits.)

0. 판사의 구두 소통은 명확하다.

(The judge's oral communications are clear.)

0. 판사의 서면 의견/판결은 명확하며 논리적이다.

(The judge's written opinions/decisions are clear and logical.)

**** 절차적 공정성(Procedural Fairness)

0. 판사는 동등한 존경심으로 모든 법정 참가자들을 대한다.
(The judge treats all courtroom participants with equal respect.)

0. 판사는 공평하며 공정하다.
(The judge is fair and impartial.)

0. 판사는 자신의 행동을 통하여 일반인의 신뢰를 향상시킨다.
(The judge promotes public trust and confidence in the courts through his or her conduct.)

0. 판사는 당사자들에게 경청할 수 있는 중요한 기회를 제공한다.
(The judge provides the parties with a meaningful opportunity to be heard.)

(나) 제한적 제공이 이루어지는 주

1) 코네티컷(Connecticut)

판사선발은 대법원, 항소법원, 지방법원 모두 법관선발위원회의 후보자를 주지사가 추천하면 의회에서 임명한다(gubernatorial nomination from judicial selection commission; legislative appointment). 재임은 주지사가 재추천하면 의회가 임명한다.111 대법원장 명령에 의하여 설립된 법관평가 프로그램을 실시하고 있다. 판사, 변호사, 법학교수, 주의회 의원으로 구성된 23명의 자문단의 도움을 받는다. 1984년부터 지방법원 판사는 자기 발전과 재임용 또는 상급법원으로의 승진을 목적으로 평가받았다. 변호사는 처신(comportment), 법적 능력(legal ability), 관리능력(management skills) 분야에 대해 우수(excellent), 양호(good), 보통(fair), 부족(poor)으로 평가하고, 배심원은 공정성(equality and fairness), 절차진행의 품위(dignity of proceedings), 주의(attentiveness), 배려(patience),

---

111 http://www.judicialselection.us/judicial_selection/methods/selection_of_judges.cfm?state(2016. 5. 21. 최종 방문).

예의(courtesy), 절차의 안내(explanation of proceedings), 효율성(efficiency), 책임의 명확성(clarity of charge)에 대하여 평가한다. 평가결과는 법관 선발위원회(the Judicial Selection Commission)와 지방법원 판사가 재임 용되거나 항소심 또는 대법원에 승진하는 경우 개최되는 의회와의 공 동사법상임위원회(the General Assembly's Joint Standing Committee on Judiciary)에 비밀로 제공된다.112

2) 뉴저지(New Jersey)

판사는 대법원, 항소부(Appellate Division), 지방법원 판사 모두 상 원의 인준 하에 주지사가 임명한다. 재임도 동일하다.113 법관평가는 1986년 9월 대법원에서 도입하여 1987년 4월에 시행되었는데 그 목적 은 개인과 기관의 사법능력을 향상하고, 사법교육 프로그램의 양질화, 사법부 내 판사들의 효율적인 배치와 활용, 재임명절차의 강화에 있 다. 법관평가위원회는 9명의 은퇴한 판사들로 구성되어 있으며, 이들 은 개별 법관들이 자신의 평가 결과를 활용할 수 있도록 돕는다.114 대 상 판사들이 담당하는 사건에 참여한 변호사들은 익명으로 된 설문지 를 받는다. 변호사들은 법적 능력(legal ability), 재판운영 능력(judicial management skills), 처신(comportment)의 영역에 관한 30가지의 평가 기준에 대하여 평가한다. 항소심 판사들은 항소된 사건의 지방법원 판 사에 대한 익명으로 된 설문지를 받는다. 평가결과는 개개 판사와 담당 판사(assignment judge), 대법원, 주지사, 상원사법위원회(Senate Judiciary Committee)와 법관평가위원회(Judicial Evaluation Commission)에 공유

---

112 http://iaals.du.edu/sites/default/files/documents/publications/connecticutjpe. pdf(2016. 4. 4. 최종 방문).

113 http://www.judicialselection.us/judicial_selection/methods/selection_of_judges. cfm?state(2016. 5. 21. 최종 방문).

114 http://www.judiciary.state.nj.us/education/index.htm#top(2016. 5. 21. 최종 방문).

된다.

3) 버몬트(Vermont)

판사의 최초 임명은 대법원, 항소법원, 지방법원 모두 추천위원회(nominating commission)가 추천하고 상원의 인준 하에 주지사가 임명한다. 재임여부는 의회에서 일반선거를 통해 결정한다.[115] 법관재임에 관한 공동위원회(The Joint Committee on Judicial Retention)가 재임 대상 후보를 검토하여 의회에 재임에 관한 권고를 한다. 판사는 진실성(integrity), 법적 기질(judicial temperament), 공정성(impartiality), 건강(health), 근면성(diligence), 법적 지식(legal knowledge and ability), 행정능력(administrative), 소통기술(communicative skills) 등의 영역에 대하여 평가받고, 공동위원회는 변호사회 및 대중으로부터 정보를 얻고 증언을 듣기 위해 청문을 개최하며, 판사는 자신을 위해 증언할 수 있다. 공동위원회는 의회에 보고서를 제출하나 대중에게는 제공하지 않는다.[116]

4) 버지니아(Virginia)

버지니아 판사는 모두 의회에서 선임되고, 임기는 대법원 판사는 12년, 항소심과 지방법원 판사는 각각 8년이다. 재임은 의회에서 재선거를 통하여 선임된다.[117] 판사들의 자기발전과 재임 결정에 앞서 의회 의원들에게 정보를 제공하기 위하여 2006년 법관평가를 도입하였다. 2009년 법관평가 프로그램 예산을 중단하였다가 2014년 예산이 회복되어 그 프로그램도 재개되었다. 판사들은 첫 임기 동안 세 번 평가

115 http://www.judicialselection.us/judicial_selection/methods/selection_of_judges.cfm?state=(2016. 4. 21. 최종 방문).

116 http://iaals.du.edu/sites/default/files/documents/publications/vermontjpe.pdf (2016. 4. 21. 최종 방문).

117 http://www.judicialselection.us/judicial_selection/methods/selection_of_judges.cfm?state(2016. 5. 21. 최종 방문).

를 받고, 그 후의 기간에는 두 번의 평가를 받는다. 평균 130~150명의 판사가 매년 평가받는다. 대법원은 그 프로그램을 운영하여야 할 법률적 책임이 있고, 대법원 판사가 의장을 맡게 되는 법관평가 자문위원회(the JPE Advisory Committee)가 그 프로그램 운영과 관련하여 대법원장에게 자문을 한다. 평가영역은 공정성(fairness), 법적 지식(legal knowledge), 중립성(impartiality), 전문성(professionalism) 및 소통능력(communication skills)이다. 변호사들이 평가하는데, 지방법원판사(circuit court judges)는 배심원도 평가하고, 청소년 및 주내 관련 지역법원 판사(Juvenile and domestic relations district court judges)는 그들과 정기적으로 교류하는 사회복지사업 부서 직원 및 청소년 법원 직원도 평가를 한다. 그 프로그램은 버지니아 커먼웰스 대학(Virginia Commonwealth University)과 설문조사서를 배포하고 보고서를 편찬하는 계약이 체결되어 있고, 배심원 설문을 제외하고는 전자적으로 배포된다. 중간평가 결과는 비밀로 하여 해당 판사와 평가받은 판사와 상의하는 은퇴한 조력자 판사(retired "facilitator" judge)에게 제공되고, 임기 말 평가 결과는 해당 판사와 조력자 판사에게 제공된다. 그 모든 평가 결과는 버지니아 의회의 사법위원회 위원장(the chairs of the courts committees)에게 제공된다. 의회에 제공된 보고서는 공공 기록물이다. 별도의 웹사이트는 존재하지 않는다.[118] 근거는 버지니아 법규(Virginia Code) 제 17.1－100.이다.[119]

5) 콜롬비아 특별구(District of Columbia)

9명의 대법원(Court of Appeals) 판사와 63명의 지방법원(Superior Court) 판사가 있다. 법관추천위원회가 추천하여 대통령이 임명하고

---

118 http://iaals.du.edu/sites/default/files/documents/publications/virginiajpe.pdf. (2016. 4. 7. 최종 방문).

119 http://www.courts.state.va.us/programs/jpe/home.html(2016. 4. 7. 최종 방문).

상원의 인준을 받는다. 임기는 각각 15년이며 재임은 재임명을 하는 방식이다.[120] 사법의 결격과 재임에 관한 위원회(Commission on Judicial Disabilities and Tenure)가 평가업무를 담당하고 있다. 그 구성은 1명은 대통령이, 2명은 콜롬비아 변호사회 운영위원회에서, 2명은 콜롬비아 특별구의 시장이, 1명은 시의회가, 1명은 콜롬비아 특별구의 지방법원 장이 지명하는 사람으로 이루어져 있다. 대통령이 지명하는 위원은 5년의 임기이고 나머지는 6년의 임기이며, 현재 시장과 시의회에서 지명된 2명이 비법률가이다.[121] 재임을 원하는 후보들은 그들의 업무성과(work product), 법적 학식(legal scholarship), 헌신(dedication), 효율성(efficiency), 처신(demeanor), 시니어 지위(senior status)를 원하는 은퇴한 판사가 판사의 업무를 수행할 수 있는 육체적·정신적 적합성에 대하여 평가받는다. 결과보고서는 대통령과 해당 후보 판사 및 대중에게 제공된다.[122] 위원회 웹사이트에 결과보고서가 게시되어 있다.[123]

⑷ 결과 요약만이 대중에게 공개되는 주의 경우

1) 하와이(Hawaii)

판사는 모두 추천위원회가 추천하고 주지사가 상원의 승인 하에 임명한다. 재임은 추천위원회가 보유한다(nominating commission retains). 모든 정규 판사는 평가대상이다. 1993년 대법원 규정에 의하여 법관성능위원회(Committee on Judicial Performance)가 설립되었고, 대법원장이 지명하는 13인의 위원으로 구성되며, 위원회 소속으로 9명의 법관평가 검토위원이 있다. 지방법원 판사에 대해서는 변호사가 법적 능력(legal

---

120 http://www.judicialselection.us/judicial_selection/methods/selection_of_judges. cfm?state(2016. 5. 21. 최종 방문).
121 http://cjdt.dc.gov/page/commission−membership(2016. 4. 4. 최종 방문).
122 http://iaals.du.edu/sites/default/files/documents/publications/dcjpe.pdf. (2016. 4. 4. 최종 방문).
123 http://cjdt.dc.gov/page/reappointment−evaluations(2016. 4. 4. 최종 방문).

ability), 사법관리 능력(judicial management skills), 처신(comportment), 해결능력(settlement and/or plea bargain ability)에 대하여 평가하고, 항소심 판사에 대해서는 공정성(fairness/impartiality), 서면 의견(written opinions)과 구두 논거(oral argument)에 대하여 평가한다. 최대 150명의 배심원에 대한 설문조사를 실시한다. 개별 평가 결과는 비밀로 하여 해당 판사, 대법원장, 법관평가검토위원(the Judicial Evaluation Review Panel)에게 제공된다. 개별 평가 결과는 법관선발과 재임을 위해 법관선발위원회(the Judicial Selection Commission)가 요청하면 제공된다. 개별 판사는 특정되지 않은 채 법원에 대한 신뢰를 향상시키기 위해 요약보고서가 대중에게 제공된다.[124] 웹사이트에 보고서가 게재되어 있다.[125]

2) 뉴햄프셔(New Hampshire)

판사는 대법원(Supreme Court), 지방법원(Superior Court) 모두 선정위원회(selection commission)의 추천에 의해 주지사와 집행심의회(executive council)가 지명(nomination)하고 임명(appointment)한다.[126] 뉴햄프셔는 일단 판사로 임명되면 70세의 정년까지 재임용 없이 근무한다.[127] 법관평가는 뉴햄프셔 사법부(New Hampshire Judicial Branch)에 의하여 1987년에 시작되었고 여러 차례 수정을 거쳐 현재에는 사법부 홈페이지의 2001년부터 2015년도까지의 연례보고서에 판사개인별

---

124 http://iaals.du.edu/sites/default/files/documents/publications/hawaiijpe.pdf (2016. 4. 5. 최종 방문).

125 http://www.courts.state.hi.us/courts/performance_review/judicial_performance_review(2016. 5. 21. 최종 방문).

126 주지사와 executive council은 서로 거부권을 행사할 수 있다{뉴햄프셔 주 헌법 제46조, 제47조 참조(http://www.nh.gov/constitution/governor.html) (2016. 3. 30. 최종 방문)}.

127 http://www.judicialselection.us/judicial_selection/methods/selection_of_judges. cfm?state 뉴햄프셔 주 참조(2016. 4. 21. 최종 방문).

이 아닌 법원단위별 평가결과가 게시되어 있다. 법관평가 자문위원회
{Judicial Performance Evaluation (JPE) Advisory Committee}가 평가업무
를 담당하고 있다.[128] 종신직이나 다름없기 때문에 재임선거는 없음에
도 법관평가를 하는 이유는, 국민에게 봉사하는 법원의 활동을 평가하
여 반성과 자기성찰을 통해 능력을 향상시키고자 함에 있다. 판사는 3
년에 한 번씩 평가를 받는데, 대법원이 질문지를 소송에 참여한 변호
사, 당사자 등을 상대로 배포하여 평가한다.

2014년도까지는 아래의 영역에 대하여 5단계(Excellent, Very Good, Satisfactory,
Fair, Unsatisfactory) 평가를 하였다.[129]
　* 수행능력(Performance) − 11개의 질문
　** 기질 및 처신(Temperament & Demeanor) − 8개의 질문
　*** 법적 관리능력 (Judicial Management Skills) − 7개의 질문
　**** 법적 지식(Legal Knowledge) − 3개의 질문
　***** 주의력(Attentiveness) − 2개의 질문
　****** 편견과 객관성(Bias & Objectivity) − 3개의 질문
　******* 준비된 정도(Degree of Preparedness) − 2개의 질문

⒧ 해당 판사에게만 제공하는 주의 경우

1) 플로리다(Florida)

대법원과 항소심 판사의 최초 선발은 추천위원회(nominating
commission)가 추천하고 주지사가 지명하며, 지방법원 판사는 비당파
선거를 통한다. 재임은 대법원과 항소심은 재임선거를, 지방법원은 재
선거를 실시한다. 비당파선거는 2명 이상의 후보자가 출마하게 되면 1

128　http://www.courts.state.nh.us/sitewidelinks/evaluations.htm#results(2016.
　　3. 28. 최종 방문).
129　http://www.courts.state.nh.us/pereval/2014−JPE−Report.pdf(2016. 3. 28.
　　최종 방문). 2015년도에는 다소 변경되었다.

차선거를 치르고 과반득표자가 없으면 최다득표자 2명이 다시 일반선거(general election)를 하는 방식이다.[130] 대법원과 플로리다 변호사회는 자발적이며 비밀 방식에 의한 평가방식을 항소심과 지방법원 판사에게 제안하였고, 플로리다 변호사회의 사법행정 및 평가위원회(The Florida Bar Judicial Administration and Evaluation Committee)가 대법원과 공동으로 운영하고 있다. 평가영역은 지방법원 판사의 경우는 변호사를 대상으로 주의력(attentiveness), 지체 없는 판결(timeliness of decisions), 근면성(diligence), 준비성(preparedness), 시간 준수(punctuality), 중립성과 객관성(neutrality and objectivity), 법적 지식과 적용(knowledge and application of law, rules of procedure, and facts), 정중함(courtesy), 처신(demeanor), 무관한 것은 기꺼이 무시하려는 적극성(willingness to ignore irrelevant considerations), 경청 능력과 소통 능력/판결의 명확성(ability to listen and communicate/clarity of decision), 심리 능력과 심리 절차(availability and procedures for hearings), 효율성, 활용성 및 협조성(efficiency, availability, and cooperation)을 평가한다. 항소법원 판사의 경우는 변호사를 대상으로 판사의 심문 능력(questioning), 직업적 행동(professional conduct), 사안에 대한 지식(knowledge of the case), 의견(opinions)에 대하여 평가한다. 변호사가 메일이나 온라인으로 플로리다 변호사회에 답변을 하는데, 결과는 해당 판사에게만 제공된다.[131]

　　2) 아이다호(Idaho)

　　판사는 대법원, 항소법원, 지방법원 모두 1차 선거에서 과반수 득표자가 없는 경우 2명의 최다득표자가 2차 투표를 하는 비당파선거

130　http://www.judicialselection.us/judicial_selection/methods/selection_of_judges.
　　　cfm?state 플로리다 참조(2016. 4. 21. 최종 방문).
131　http://iaals.du.edu/sites/default/files/documents/publications/floridajpe.pdf
　　　(2016. 5. 21. 최종 방문).

(nonpartisan election)에 의하여 선출하고, 재임은 재선거를 통하여 이루어진다.[132] 사법위원회가 모든 판사들을 대상으로 1999년 자발적 법관평가 프로그램을 도입하였다. 10명의 변호사와 법정 직원에게 설문지를 발송하고, 결과는 비밀로 오직 해당 판사에게만 자기 발전을 위해 제공하고 있다.[133]

3) 일리노이(Illinois)

판사는 모두 당파선거(partisan election)에 의하여 선출하고 임기는 대법원과 항소판사는 10년, 지방법원 판사는 6년이다. 재임은 재임선거에 의하여 이루어진다.[134] 1988년 법관평가가 공식적으로 도입되었으나 20년 이상 엄격하게 자발적 시스템으로 운영되다가 2011년 대법원이 지방법원 판사(all circuit and associate judges)에 대하여 의무적 규정으로 변경하였다. 판사들은 매년 임의로 선정되고, 법적 능력(legal reasoning and ability), 공정성(impartiality), 전문성(professionalism), 소통능력(communication skills), 관리능력(management skills)에 대하여 변호사와 법정 직원이 이름을 밝혀 평가한다. 위원회나 웹사이트는 존재하지 않는다. 개별 평가 결과는 엄격하게 비밀로 하여 해당 판사와 훈련된 조력자(a trained facilitator)에게 제공된다.[135]

4) 매사추세츠(Massachusetts)

대법원 판사는 정부위원회(Governor's council)의 승인 하에, 항소법원과 지방법원 판사는 추천위원회가 추천하고 정부위원회의 승인

---

132 http://www.judicialselection.us/judicial_selection/methods/selection_of_judges. cfm?state. 아이다호 참조(2016. 4. 21. 최종 방문).

133 http://iaals.du.edu/sites/default/files/documents/publications/idahojpe.pdf. (2016. 4. 21. 최종 방문).

134 http://www.judicialselection.us/judicial_selection/methods/selection_of_judges. cfm?state 일리노이 참조(2016. 4. 21. 최종 방문).

135 http://iaals.du.edu/sites/default/files/documents/publications/illinoisjpe.pdf. (2016. 4. 21. 최종 방문).

하에 각각 주지사가 임명한다. 판사의 정년이 70세이어서 별도의 재임선거가 필요하지 않다.[136] 2001년부터 지방법원 판사는 자기 발전을 위하여 3년마다 최소한 1회 평가를 받아 왔다. 평가영역은 인내심 및 주의력(patience and attentiveness), 준비성(preparedness), 기질(temperament), 서면 및 구두 결정의 명확성(clarity of written and oral decisions), 관리능력(administrative capacity), 법정장악력(control over the courtroom), 법적 지식(legal knowledge), 공정성(fairness and impartiality) 등으로 하여 이전 2년간 해당 판사 심리를 받은 변호사, 모든 법정 직원, 배심원에게 설문지가 배송된다. 변호사 설문은 전자적으로 관리된다. 결과는 자기 발전을 위하여만 사용되고 대중에게는 제공되지 않는다.[137]

5) 로드아일랜드(Rhode Island)

판사는 추천위원회(nominating commission)를 통하되 대법원(Supreme Court) 판사는 상하 양원의 인준 하에, 지방법원(Superior Court) 판사는 상원의 인준 하에 각각 주지사가 임명하는데, 종신직이라 재임선거가 필요하지 않다.[138]

1993년에 법관평가프로그램이 도입되어 판사들은 매 2년마다 평가를 받는다. 대법원에서 지명한 11명의 위원으로 구성된 법관평가위원회(Judicial Evaluation Committee)가 법관평가를 실시하고 있다. 위원은 6명의 판사와 3명의 주변호사회 회원, 사법시스템에 친숙한 2명의 일반인으로 구성된다. 평가영역은 진실성(integrity), 법률 및 절차에 대한 지식(knowledge and understanding of law and procedure), 소통기술

---

136 http://www.judicialselection.us/judicial_selection/methods/selection_of_judges. cfm?state 매사추세츠 참조(2016. 4. 21. 최종 방문).
137 http://iaals.du.edu/sites/default/files/documents/publications/massachusettsjpe. pdf(2016. 4. 21. 최종 방문).
138 http://www.judicialselection.us/judicial_selection/methods/selection_of_judges. cfm?state 로드아일랜드 참조(2016. 4. 21. 최종 방문).

(communication skills), 준비성(preparation), 주의력(attentiveness), 절차 관리능력(control over proceedings), 행정능력(management skills), 시간 엄수(punctuality), 전문가와 대중에 대한 서비스(service to the profession and the public), 동료 판사와의 협동성(effectiveness in working with other judges) 등이며, 설문은 변호사와 배심원을 대상으로 이루어진다. 평가결과는 비밀로 하여 평가받은 판사와 대법원장, 부장판사에게 제공된다. 대중용의 요약본이 가능하다. 웹사이트는 존재하지 않는다.[139]

(2) 변호사회에 의하여 독자적으로 이루어지는 주

1) 네브라스카(Nebraska)

대법원, 항소법원, 지방법원 모두 판사의 최초 임용은 추천위원회(Nominating Commission)가 추천하고 주지사가 임명하며, 임기는 각각 6년이다. 재임용은 주민들이 재임용선거(retention election)를 통해 선출한다.[140] 네브라스카의 법관평가는 현재 네브라스카 변호사회(Nebraska State Bar Association)가 실시한다. 이러한 법관평가의 목적은 첫째, 지속적으로 판사들의 장점과 단점을 평가함으로써 전반적인 능력을 향상시키고, 둘째, 시민에게 판사임용방법을 숙지시키고 재임용을 원하는 판사들에 대한 정보를 제공함에 있다. 그 결과는 네브라스카 변호사회 홈페이지에 게시함으로써 주민들이 볼 수 있도록 하고 있다.[141] 평가는 현재 변호사로 활동하고 있는 변호사들을 대상으로 진행된다.

> 평가항목은 다음과 같고 5단계(Very Poor, Deficient, Satisfactory, Good,

---

139 http://iaals.du.edu/sites/default/files/documents/publications/rhode_islandjpe.
   pdf(2016. 4. 21. 최종 방문).
140 http://www.judicialselection.us/judicial_selection/methods/selection_of_judges.
   cfm?state 네브라스카 참조(2016. 4. 21. 최종 방문).
141 http://nebar.site−ym.com/?page=JPEResults(2016. 4. 21. 최종 방문).

Excellent) 평가를 한다.[142]

− 대법원, 항소법원(Supreme court, Court of appeals)의 경우 −
  * 법적 분석능력(Legal Analysis)
  ** 공정성(Impartiality): 외부의 영향이나 사건의 본질로부터의 영향을 받
    지 않는 행동(actions not affected by any outside influence or the
    nature of the case)
  *** 주의력(Attentiveness)
  **** 의견(Opinions)
  ***** 법적 기질과 처신(Judicial Temperament & Demeanor)
  ****** 적절한 대화(Appropriate Communication)
  ******* 즉각적으로 시기적절하게 처리하였는가?(Does the judge do
    his/her work in a prompt and timely manner?)
  ******** 당신이 보기에 이 판사의 임기가 지속되어야 하는가?(In your
    opinion, should this judge be retained in office?)
− 지방법원(District Court)의 경우 −
  * 법적 분석능력(Legal Analysis)
  ** 공정성(Impartiality)
  *** 주의력(Attentiveness)
  **** 의견(Opinions)
  ***** 법적 기질과 처신(Judicial Temperament & Demeanor)
  ****** 적절한 대화(Appropriate Communication)
  ******* 즉각적으로 시기적절하게 처리하였는지 여부(Performance of
    his/her work in a prompt and timely manner)
  ******** 공정성(Fairness)
  ********* 효율성(Efficiency)
  ********** 시간엄수(Punctuality)
  *********** 재판운영(Trial Management)

---

142 http://c.ymcdn.com/sites/nebar.site−ym.com/resource/resmgr/For_the_Public/
   NSBA_2014JEP_RESULTS.pdf(2016. 4. 21. 최종 방문).

> *********** 이 판사의 관할에서 주요 사례가 있나요? 적절한 답에 표
> 시하시오. (Is your principal practice in this judge's
> district? Circle appropriate answer.)
> ************ 당신이 보기에 이 판사의 임기가 지속되어야 하는가? 적
> 절한 답에 표시하시오. (In your opinion, should this
> judge be retained in office? Circle appropriate answer)

2) 아이오와(Iowa)

대법원, 항소법원, 지방법원 판사는 모두 추천위원회(nominating commission)가 추천하고 주지사가 임명하며, 재임용은 주민들의 재임 선거를 거친다. 임기는 대법원 판사는 8년, 항소심과 지방법원 판사는 6년이다.[143] 아이오와 변호사회(Iowa State Bar Association)가 소속 변호사들을 상대로 2년마다 한 번씩 조사를 진행하는데 1962년부터 지금까지 계속되고 있다.[144] 질문은 전문성(professional competence)과 처신(demeanor), 크게 두 카테고리로 나누어 5단계 평가를 하고, 변호사회 홈페이지에 1994년도부터 2014년도까지 공개되어 있다.[145]

> 평가항목: 1~6항에 대해서는 Excellent, Good, Satisfactory, Deficient, Very Poor로 평가를 하고, 7~10항에 대해서는 Strongly Agree, Agree, Neither, Disagree, Strongly Disagree로 평가한다.[146]
>   * 법 지식과 적용(Knowledge and application of the law)
>   ** 사실문제에 대한 인지(Perception of factual issues)

143 http://www.judicialselection.us/judicial_selection/methods/selection_of_judges.cfm?state = (2016. 3. 28. 최종 방문).
144 http://www.iowabar.org/?page = JudicialEvaluations(2016. 4. 21. 최종 방문).
145 http://c.ymcdn.com/sites/iowabar.site − ym.com/resource/resmgr/Files/2014_Judicial_Performance_Re.pdf(2016. 4. 21. 최종 방문).
146 http://c.ymcdn.com/sites/iowabar.site − ym.com/resource/resmgr/Files/2014_Judicial_Performance_Re.pdf(2016. 3. 28. 최종 방문).

*** 변론과 증언에 대한 주의력(Attentiveness to arguments and testimony)

**** 기질과 처신(Temperament and demeanor)

***** 서면의견의 명료성과 질적 부분(Clarity and quality of written opinions)

****** 판결·결정의 신속성(Promptness of rulings and decisions)

******* 법정이나 서면의견에서 소송당사자, 판사 및 변호사를 과도하게 관찰하거나 비판하는 것을 지양한다. (Avoids undue personal observations or criticisms of litigants, judges and lawyers from bench or in written opinions.)

******** 외부의 영향을 받지 않고 법률과 사실에 근거하여 판결한다. (Decides cases on basis of applicable law and fact, not affected by outside influence.)

********* 소송당사자, 변호사 및 법원 관계자에게 공손하고 인내심있게 대한다. (Is courteous and patient with litigants, lawyers and court personnel.)

********** 인종, 성별, 나이, 국적, 종교, 성적 기호, 사회경제적 지위 또는 장애 여부와 관계없이 공평하게 대한다. (Treats people equally regardless of race, gender, age, national origin, religion, sexual orientation, socio-economic status or disability.)

(3) 법관평가가 이루어지지 않은 경우

법관선발제도와 특별히 연계되어 있거나 아니면 특별한 사유가 있어서 그러한 것은 아니다. 예컨대, 노스다코타(North Dakota), 미시간(Michigan), 아칸소(Arkansas), 앨라배마(Alabama), 오리건(Oregon), 위스콘신(Wisconsin) 및 조지아(Georgia)는 판사의 임용과 재임용이 주민들의 선거{비당파선거(nonpartisan election) 혹은 재선거(reelection)}

에 의해 이루어지고 있음에도,[147] 판사에 대한 정보를 제공하는 법관 평가가 시행되지 않고 있다.[148]

델라웨어(Delaware)의 경우는 법관추천위원회(Judicial Nominating Commission)가 추천하고 주지사가 상원의 동의(senate consent) 하에 임명하는데, 임기가 끝나 재임여부를 결정할 때도 동일한 절차가 반복 되지만[149] 법관평가가 이루어지지 않고 있다.[150]

다. 소 결

미국의 사례를 종합해 보면, 미국에서 이루어지는 법관평가는 사적 영역에서의 법관평가와 그 결과의 공개가 용인되고 있고, 공식적인 법관평가도 일부 거부감이 없는 것은 아니지만, 대체로 그 필요성이 인정되는 범위 내에서는 법관평가와 그 결과의 공개가 용인된다고 하겠다. 이러한 법관평가는 법관의 재임용에 활용하거나, 스스로의 개선·발전을 위하여 또는 재판당사자에게 법관에 대한 정보를 제공·공유하여 재판준비에 도움이 될 수 있도록 하기 위하여 이루어지고 있다.

4. 영국의 법관평가제도

가. 영국 법관 임용의 특이점

영국의 법관은 법관의 공석이 있는 경우에 지원을 받아 그 중에서 선발한다. barrister와 solicitor[151] 중에서 일정한 법정변론의 경험을 갖

---

147 http://www.judicialselection.us/judicial_selection/methods/selection_of_judges.
  cfm?state=. 각 해당 주 참조(2016. 3. 28. 최종 방문).
148 http://www.judicialselection.us/judicial_selection/campaigns_and_elections/
  voter_guides.cfm?state=(2016. 4. 21. 최종 방문).
149 http://www.judicialselection.us/judicial_selection/methods/selection_of_judges.
  cfm?state 델리웨어 참조(2016. 4. 21. 최종 방문).
150 http://www.judicialselection.us/judicial_selection/campaigns_and_elections/
  voter_guides.cfm?state=(2016. 4. 21. 최종 방문).
151 사무변호사라고 불리는 solicitor들 또한 the Courts and Legal Services Act
  1990에 따라 일정한 자격을 갖춘 경우 법정에서 변론할 수 있으며 점점 그

고 있는 사람들이 법관에 지원할 수 있다. 전임(full-time)법관[152]이 되기 위한 가장 짧은 법정변론 경력이 요구되는 곳이 deputy district judge(부구역판사)인데, 최소 7년의 법정 변론 경력이 요구된다.

나. 영국에서의 법관에 대한 평가

영국에서는 사법부 외의 기관(예컨대, 변호사단체)이 법관을 평가하는 제도가 아직까지는 없는 것으로 조사되었다. 제3의 기관이 법관을 평가하지 않는 이유에 관해 크게 두 가지 주장이 가능하다.

첫 번째는, 전임(full-time)법관으로 임용된 후에는 다시는 barrister나 solicitor로서 업무수행을 할 수 없기 때문에 변호사단체가 그들에 대해서는 더 이상 관여할 필요가 없으며, 법관에 대한 평가는 사법부 자체에서 이루어지는 것이 옳다는 의견이 있다.

그렇기 때문에, barrister로 활동하면서 비전임(part-time)법관 활동을 겸임하는 경우에 해당 part-time judge에 대한 민원이 bar council (영국 법정변호사 협회)에 접수되는 경우, bar council의 조사·감찰기관 (Bar Standards Board)은 이를 심사한 후에 문제가 있다고 판단하면 사법부[153]로 해당 법관에 대한 징계사건을 이관한다.[154]

두 번째로는, 영국에서는 법관으로 임명되기까지의 각종 검증 절차가 까다로우며 법관임용 후에도 강도 높은 훈련교육과정[155]을 거치도록 되어 있고, 그럼에도 불구하고 영국 사법부가 요구하는 수준에 미달하는 법관들에 대해서는 사법부 스스로의 자정작용을 통해서 해결할 수 있다는 의회와 국민들의 신뢰가 높다는 것이다.

러한 추세가 강화되고 있다.
152 치안판사라고 번역되어 온 magistrate는 비법률가 중에서 선발되는 비전임 (part-time)의 경우와 법률가 중에서 선발되는 경우가 있다.
153 사법부 내의 Judicial Conduct Investigations Office를 의미한다.
154 Bar Standards Board Regulation 23.
155 https://www.judiciary.gov.uk/about-the-judiciary/training-support/judicial-college/.

다. JCIO(Judicial Conduct Investigations Office)의 역할

위에서 논의한 두 가지 의견을 뒷받침하는 공통적인 근거로 영국 사법부 내에 설치된 JCIO를 들 수 있다.

영국 사법부 내에는 법관의 재판 내용을 제외한 다른 개인적인 법정에서의 비위행위(예컨대, 부적절한 법정언어, 증인에 대한 모독, 재판의 고의적 지연 등)에 대해 불만이 있는 경우 Judicial Conduct Investigations Office(JCIO)[156]에 불만을 접수할 수 있다. 그리고, JCIO가 해당 사안을 적절히 다루지 못했다고 생각하는 경우에는, Judicial Appointments and Conduct Ombudsman[157]에 다시 불만을 접수할 수 있다.

JCIO가 설치되기 전에는 법관에 대한 위와 같은 불만 사안들은 사법부의 수장인 Lord Chancellor[158]가 단독으로 다루었었다. 그러나, 영국 법조 개혁의 일환으로 마련된 Constitutional Reform Act 2005에 의해, JCIO의 업무는 Lord Chancellor와 Lord Chief Justice[159]의 공동 책임으로 바뀌었다.

JCIO는 매년 조사결과에 대해서 보고서를 발간하며 언론에 공개하는 외에도 자체 홈페이지에도 이를 공개하고 있다. 그리고, JCIO의 결론에도 만족하지 못하는 경우에는 옴부즈만(Judicial Appointment and

---

156 JCIO는 기존의 Office for Judicial Complaints를 대체한 것인데, Constitutional Reform Act 2005에 의해 설치되었고, JCIO의 구성 및 운영방식에 대해서는 Judicial Discipline (Prescribed Procedure) Regulations 2014가 규율하고 있다.

157 https://www.gov.uk/government/organisations/judicial-appointments-and-conduct-ombudsman.

158 Lord Chancellor는 사법부의 수장(head of the Judiciary)이면서 정부의 각료(minister of the government)이며, 영국 상원의회의 사무총장(the Speaker of the House of Lords)이다. 즉, Lord Chancellor는 사법부, 행정부, 의회의 기능 모두에 영향력을 갖는다.

159 Lord Chief Justice는 사법부 조직 서열상 Lord Chancellor 다음 지위에 속하며, 항소법원의 최고 수석 법관이다.

Conduct Ombudsman)에 다시 접수를 할 수 있는 길을 열어놓고 있다.

라. 소 결

영국에서도 미국에서처럼 법관에 대한 평가를 제도화하자는 의견이 있다고는 조사되나,[160] 영국 언론이나 기타 학술지에서도 법관평가를 위한 제도화에 대해서는 아직 구체적으로 논의하지 않고 있다고 보인다. 다만, 영국에서도 법관을 법관이 심판하는 것이 타당한지 여부에 관해 국민들의 관심이 전혀 없는 것은 아니라고 보인다.[161]

다음은 JCIO에서 발간한 leaflet이다. JCIO는 법관의 비위행위에 대한 고발이 있는 경우 처리절차 등에 대해 이 leaflet에서 설명하고 있다.

---

160 사법정책연구원, "바람직한 법관상 구현을 위한 법관 임용 및 평가 방식에 관한 연구", 연구총서 2016-1, 142면.
161 영국의 유력일간지 the guardian은 who is judging the judges?(누가 법관을 심판하는가?)라는 제목으로 JCIO를 소개하면서 징계를 받은 법관들에 대한 기사를 내보낸 적이 있다(https://www.theguardian.com/law/2014/mar/25/who-judges-the-judges).

[그림 16] JCIO 발간 leaflet

All members of the Judiciary seek to maintain the highest standards of personal and professional conduct. The Lord Chancellor and the Lord Chief Justice take seriously any complaint that a Judge has in some way fallen short of these standards.

This leaflet explains how to complain and how we will do all we can to ensure that your complaint is dealt with fairly and as quickly as possible.

Complaints

A Judge's role in court is to make independent decisions about cases and their management. These decisions about cases and Judges have to be firm and direct in the management of their cases.

Examples of Judges' decisions include the length or type of sentence, whether a claim can proceed to trial, whether or not a claimant succeeds in their claim, what costs should be awarded and what evidence should be heard.

This sort of decision cannot form the subject of a complaint. If you are unhappy with such a decision you are advised to seek legal advice from a solicitor, local law centre, Citizens Advice Bureau or the Community Legal Service to discuss whether you have a right of appeal.

If your complaint is not about a Judge's decision but about the Judge's personal conduct you have the right to complain to the Judicial Conduct Investigations Office (JCIO). Examples of potential personal misconduct would be the use of insulting, racist or sexist language.

How to complain

If you decide to make a complaint to the JCIO your complaint should be made in writing by post or by email. If for any reason you are unable to do this please contact us and we will do all we can to help you. Our contact details are at the end of this leaflet.

Your letter should state clearly:

• your name, address, and telephone number;
• the name of the Judge, the court, the number of the case and the date of the hearing (if known/applicable);
• Specific details about the grounds of your complaint; and
• include all documents which you intend to refer.

You can download a printable version of the complaints form from our website. Details are at the end of this leaflet.

Your complaint should be made as soon as possible and, in any event, no later than 3 months after the incident that you wish to complain about.

It is important that the matter complained of is lodged within the 3 month time limit even where proceedings are ongoing. You should not wait until your case is concluded to lodge your complaint. The JCIO may defer the investigation of a complaint if it is considered necessary to do so.

Remember that we cannot consider any complaint about a Judge's decision in your case or about how the Judge managed your case.

What happens next?

When we receive your complaint we will acknowledge it within 2 working days. To assist with the decision making process we may ask for further details of your complaint and ask others involved, including the Judge, for their account of events.

We may reject a complaint, or part of a complaint, if it fails to meet the criteria set out in the judicial discipline regulations. (See our website for further details.)

If the case is not dismissed we will write to you within 15 working days providing you with an explanation of why we cannot deal with your complaint or what we are doing to take your complaint forward. We will provide you with a clear and reasoned explanation for the outcome of your complaint.

At all stages we will keep you fully informed of progress.

If your complaint is upheld the Lord Chief Justice and the Lord Chancellor may decide to take disciplinary action against the Judge. You however should be aware that any such disciplinary action is a separate matter from your court case so it will not alter the outcome of your case.

What if I am not happy with the way my complaint has been handled?

If you are unhappy with the way your complaint has been dealt with or is being dealt with, you have the right to raise your concerns with the independent Judicial Appointments and Conduct Ombudsman, whose contact details are as follows:

Judicial Appointments and Conduct Ombudsman
9ᵗʰ Floor, The Tower, 9.53
102 Petty France
London SW1H 9AJ

DX 152380 Westminster 8

Tel: 020 3334 2900

Fax: 020 3334 2913

Website: www.justice.gov.uk/about/jaco

The Ombudsman may decide to review how your complaint has been handled and whether the proper procedures were followed. He is not able to investigate whether the decision reached on a complaint is right or not.

Your complaint should normally be made no later than 28 days after we tell you of the outcome of your original complaint.

Magistrates and Tribunals Panel members

There are separate procedures for complaints against Magistrates and Tribunal members.

Complaints against Magistrates should initially be taken to the local Advisory Committee. Most complaints about Tribunal panel members should normally be referred to the President of that Tribunal. For further information please contact the JCIO.

Judicial Conduct Investigations Office

The JCIO can be contacted as follows:

JCIO
Royal Courts of Justice
Queens Building, Rooms 81–82,
Strand
London WC2A 2LL

DX44450 Strand

Enquiry Line: 020 7073 4719

Fax: 020 7073 4725

Website: http://judicialconduct.judiciary.gov.uk

Email: inbox@jcio.gsi.gov.uk

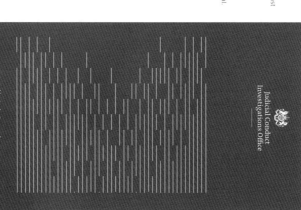

Judicial Conduct
Investigations Office

JCIO1

judicialconduct.judiciary.gov.uk

JCIO Judicial Conduct Investigations Office (05.14)

4

5

5. 프랑스의 법관평가제도

가. 변호사회 등에 의한 법제화된 평가의 부존재

프랑스에서는 변호사회 또는 변호사들이 참여하여 법관을 평가하는 제도가 법제화되어 있지 아니하며, 특히 한국에서 현재 실시되고 있는 바와 같이 변호사회가 개별적인 법관들의 업무에 관하여 소속 변호사들로부터 설문조사 또는 개별의견 방식으로 제시된 의견을 취합하여 해당 법관들을 평가하고 그 내용을 관할 법원의 법원장 등에게 전달하거나 언론 등에 공개하는 방식의 법관평가제도는 존재하지 아니한다.

그 주된 이유는 프랑스 법원 내부에 법제화된 법관평가제도가 마련되어 있고, 일반인의 징계요구제도를 포함한 법관에 대한 엄격한 징계제도가 실시되고 있으며, 변호사들의 의견을 취합한 변호사회 회장의 의견제시와 변호사 노조 등의 활발한 활동에 의하여 법관의 부당한 직무행사에 관한 견제장치가 마련되어 있기 때문으로 생각된다. 아래에서 이에 관하여 조금 더 살펴보기로 한다.

나. 법원 등 내부 시스템에 의한 법관평가방식의 법제화[162]

우선 법관에 대한 내부 평가제도에 관하여 살펴보면, 프랑스는 1850년경부터 법무부의 내부 통첩으로 법관평가방법을 마련하였다가, 그 후 법원 등에서의 내부 인사평가방식을 유지하는 대신 이를 법제화하였는데, 1958년 12월 22일 법관신분에 관한 조직법에 관한 법률명령(Ordonnance n° 58−1270 du 22 décembre 1958 portant loi organique relative au statut de la magistrature)과 그 하위규정인 1993년 1월 7일

---

[162] 프랑스에서는 법관과 검사 사이에 상호 전관이 상당히 자유로우며 통상 사법관(magistrat)의 범위에는 법관(magistrat du siége)과 검사(magistrat du parquet)가 포함되는데 이 글에서는 법관에 대한 평가제도를 중심으로 살펴보기로 한다.

의 데크레(Décret n°93-21 du 7 janvier 1993 pris pour l'application de l'ordonnance n° 58-1270 du 22 décembre 1958 modifiée portant loi organique relative au statut de la magistrature)에 그 내용이 상세하게 규정되어 있다.[163]

위 법규명령에 의하면, 모든 법관의 직무활동은 2년마다 평가되고 평가결과는 승진심사위원회에 대한 제출과 재임용 심사에 활용된다(제 12-1조).[164] 법관 본인이 자신의 활동에 관해 작성한 자료제출과 관할 법원장 등과의 면담 이후에 법관평가가 이루어지는데, 보통의 법관에 대하여는 법원조직 측의 요소뿐 아니라 법원업무 측면의 요소를 감안하여야 하고 법원장 등에 대하여는 법원 운영능력 등이 평가요소로 포함된다. 한편 평가자는 평가대상자에 따라 상세하게 구분되어 있는데 통상 재판을 담당하는 법관은 그 소속 고등법원장이 평가하며(위 데크 레 제19조), 평가내용은 평가자가 피평가 법관의 활동을 서술하는 서면평가와 법원조직 측면의 일반적인 평가, 피평가 법관에 적합한 직무 내용, 필요하다면 추가연수의 필요성 등으로 구성된다(위 데크레 제20조). 그 중 서면평가에는 피평가 법관이 자신의 활동과 연수내용을 기재한 의견서와 상급자[165]의 보고서, 위 법규명령이 정하는 법원장 등과의 면담자료, 피평가 법관이 이미 알고 있거나 자신이 제시한 의견서에 나타는 평가요소 관련 서류들이 첨부되어야 한다(위 데크레 제20

---

163 위 법규명령과 데크레는 1958년 및 1993년 제정 이후 여러 번에 걸쳐 수정되었는데 2016. 8. 적용되는 규정을 기준으로 내용을 보기로 한다.
164 신규법관 임명 시의 평가는 이와는 별도로 진행되는데, 국립사법관학교의 이른바 제1시험으로 입소한 사법관 시보 중 법관을 임용하는 통상의 임용방식의 경우, 국립사법관학교에서의 학업에 대한 평가, 사법기관에서의 실무연수과정에서의 평가, 시험을 통한 평가결과에 따라 임용여부가 결정된다고 한다.
165 예를 들면 배석 법관의 경우 해당 재판부 재판장, 고등법원 관내 법관의 경우 지방법원장 등이다.

조). 이와 같은 법관에 대한 평가자료들은 자료집으로 편철되는데(위 데크레 제18조) 그 자료들은 해당 법관에게 개별적으로 교부되고 최종 평가결과도 피평가 법관에게 고지되며, 피평가 법관은 평가내용을 고지받은 15일 이내에 승진심사위원회에 이의를 제기할 수 있고(위 데크레 제21조) 승진심사위원회는 법관과 평가자의 의견을 들은 후 이유를 붙여 그에 관한 결정을 한다.[166]

한편 프랑스의 법관은 두 개의 등급이 있고 하위등급인 2등급에서 상위등급인 1등급으로 승진하기 위하여는 승진심사위원회[167]의 심사를 받아야 하며, 그 외에 파기원 판사, 고등법원장 등 등급외 고위직 그룹이 있는데, 각 등급 및 그룹에 대하여 해당 직급과 보직이 상세하게 규정되어 있지만 승진심사위원회는 승진을 허용하는 경우에도 일정한 보직으로 제한할 수 있다(위 데크레 제3, 4, 5조). 또한 위 두 개의 등급 중 2등급은 5개, 1등급은 8개의 단계로 구성되는데 상위 단계로 올라가는 데 일정한 근속기간이 필요하다(위 데크레 제12조).

위와 같이 프랑스의 법관 인사평가는 관련 법률에 의하여 비교적 투명하고 권한 남용을 방지할 수 있는 시스템에 의하여 이루어지고 있다고 볼 수 있고, 최종적으로는 국사원의 판단을 받을 수 있는 등 공정성을 담보할 수 있는 제도를 갖추고 있는바, 이러한 법관평가에 관한 특징은 법관에 대한 외부 평가제도가 법제화되지 않는 하나의 이유가 될 수 있다고 할 것이다.

---

166 프랑스 국사원(Conseil d'état)의 결정에 따르면 승진심사위원회의 결정은 이의 대상이 아니나, 피평가 법관은 최종 평가결과 자체에 대하여 국사원에 제소하여 소송으로 다툴 수 있다.
167 승진심사위원회는 파기원장, 사법감찰관, 사법국장, 파기원 사법관, 법관들이 선출한 10명의 법관 등으로 구성되며, 승진후보자명부(tableau d'avancement)가 미리 작성되어 정실의 개입과 부당한 차별을 차단한다.

다. 법관에 대한 직업윤리의무 규정 및 징계제도

프랑스에서 법관의 직업윤리는 오래전부터 강조되어 왔지만 2010년에 이르러 최고사법관회의(Conseil supérieur de la magistrature)[168]에 의하여 사법관의 직업윤리 의무 모음집(Recueil des obligations déontologiques des magistrats)을 발간하였는데, 그 내용으로 독립성, 공정성, 공명정대, 법 수호의지, 타인에 대한 배려, 신중함과 조심성 등이 포함되어 있다. 법관의 직업윤리 의무 내용은 다소 추상적이긴 하나 예시된 내용은 상당히 구체적인 내용을 담고 있기도 하다, 예를 들면 공정성에 관한 b.15는 "법관은 판결 선고 이전에 언행이나 태도에 있어 사안에 대한 최종 판단을 표시하여서는 안 된다"라고 규정하고 있고, 타인에 대한 배려에 관한 e.9는 "타인에 대한 배려는 법관의 약속 자체의 준수로부터 시작된다. 법관은 예정된 선고기일에 판결을 선고하고 심리일정을 지켜야 하며 정해진 약속을 존중해야 한다"라고 규정하고 있다. 다만 위와 같은 직업윤리 의무 규정에 포함되어 있는 내용만이 법관의 직업윤리에 포함되는 것은 아니지만, 법관에 대하여 프랑스 사회가 나름대로 기대하는 행동방식에 관한 규범을 채택한 상태에서 아직 법관에 대한 외부 평가를 법제화하는 단계까지는 나가지 않고 있다고 볼 수 있다.

다음으로 징계제도에 관하여 보면, 프랑스에서는 법관에 대한 징계권은 최고사법관회의(Conseil supérieur de la magistrature)가 행사하고 있는데, 최고사법관회의에의 징계요구는 (1) 법관에 대한 감찰을 하고 있는 사법감찰관실(L'inspection générale des services judiciaires)이 설치된 법무부,[169] (2) 소속 고등법원장 또는 항소 최고재판소장,[170]

---

168 그 중 법관담당회의는 파기원장이 주재하고 5명의 법관, 1명의 검사, 국사원이 지명하는 1명의 국사원 위원, 1명의 변호사, 입법, 사법, 행정부에 속하지 않는 외부인사 6명으로 구성하되, 대통령, 하원의장, 상원의장이 2명씩 지명할 수 있는데 결국 7명의 사법관과 8명의 비사법관으로 구성된다.

169 프랑스에서는 법관과 검사가 기본적으로 모두 법무부에 소속되어 있다고 할

(3) 당해 소송절차에서 법관의 태도가 징계사유에 해당된다고 판단하는 소송당사자[171]가 할 수 있다(위 1958년 12월 22일 법관신분에 관한 조직법에 관한 법률명령 제50-1, 50-2, 50-3조).

특히 소송당사자가 법관에 대한 징계를 요구하는 제도는 이른바 우트로 사건(affaire d'Outreau) 이후 2008년 개정된 헌법에 따라 규정된 것인데, 법관에 대한 소송당사자의 징계요구 건수는 2012년 216건, 2013년 243건, 2014년 164건[172]이다. 또한 법관에 대한 최고사법관회의의 징계결정은 2012년 0건, 2013년 5건, 2014년 10건이다.[173]

법관에 대한 징계의 종류는 (1) 인사서류에 기재되는 질책, (2) 좌천성 전보, (3) 일부 권한행사의 정지, (4) 최대 5년간 단독법관 금지, (5) 인사상 단계(échelon) 강등, (6) 급여의 전부 또는 일부 박탈 및 최대 1년간 직무정지, (6) 인사상 등급강등(rétrogradation), (7) 직권 퇴직 또는 사임, (8) 파면 등으로 한국의 경우에 비하여 매우 중한 편이다. 위 징계조치에도 고등법원장 등은 소속 법관에 대하여 경고조치를 할 권한이 있는데, 그 효과는 3년간 새로운 경고를 받지 않는 경우에 자동적으로 소멸한다.

이와 같은 법관에 대한 징계는 소송당사자들에 의한 징계요구 등으로 매우 많은 사건들에서 문제되고 있는데, 이러한 엄격한 징계제도의 존재와 빈번한 사건화는 법관들에 대한 외부 평가를 통하여 법관들의

수 있다.

170 이 경우에도 법원장 등이 법무부 사법감찰관실에 조사를 요구할 수 있다.
171 소송당사자가 징계를 요구하는 경우 최고사법관회의의 신청승인위원회 (commission d'admission des requêtes)에서 사전심사를 하여 각하할 수 있다(위 법률명령 제50-3조).
172 그 중 변호사가 법관 징계를 요구한 건수는 2012년 4건, 2013년 11건이라고 한다(법원행정처, "프랑스 법관의 공정성과 윤리성 제고방안", 외국사법제도 연구(17), 법원행정처, 2015, 454면).
173 최고사법관회의 2014년 활동보고서, 제138면.

직무윤리 준수를 유도할 필요성을 저감시키는 요인이 된다 할 것이다.

라. 변호사회 회장을 통한 정보제공

프랑스에서 재판절차 중에 판결 결론을 강하게 암시하거나 납득할 수 없는 강한 어조로 변호사의 변론 등을 끊어 버려 법관의 공정성을 심하게 훼손하는 경우, 변호사는 소속 변호사회 회장을 찾아 문제해결을 요청하는 경우가 종종 있다.[174] 변호사회 회장은 특별한 사안의 경우 이를 해결하기 위하여 법원 당국에 관련 정보를 제공할 수 있고, 통상적으로도 변호사회 회장은 관할 법원과 소통하고 정기적으로 법원장 등과 회의를 가지면서 재판절차에서의 법관의 태도 등에 관해 의견을 나누는 경우가 있다고 한다. 이러한 의견교환을 통하여 변호사회 회장은 법관의 인사평가에 관여하는 자에게 개별 법관들에 대한 평판 등 정보를 제공하는 기회를 가질 수도 있다.

마. 변호사 노조

프랑스에는 전국 변호사연맹(Confédération nationale des avocats, CNA) 등 5, 6개 정도의 규모 있는 변호사 노동조합이 존재한다.[175] 노동조합의 역할 중 하나는 변호사의 집단적 이익을 보호하는 것인데, 개별적인 변호사가 재판절차 등에서 법관의 부당한 대우를 받은 경우 그것이 집단적 이해관계와 관련이 있다고 판단되면 그에 대한 조치를 할 수 있다고 한다.

바. 소 결

위에서 본 바와 같이 프랑스에는 변호사회 등 외부에서 법관을 평가하는 방식의 법제화는 이루어져 있지 않다. 그러나 관련 법령에서 법관에 대한 법원 내부평가와 승진제도가 공정하고 명확하게 이루어

---

174 Le bâtonnier de la magistrature, Conférence de Bâtonniers(변호사회 회장 회의) 2013, Rapport de maître Huber JABOT.
175 Règles de la profession d'avocat 2016/2017, 제316면 이하, 2016, Dalloz.

지도록 상세한 규정을 두고 있는 것이 특징이라고 할 수 있다. 또한
소송당사자에게도 법관에 대한 징계요구권을 부여하는 등 법관에 대
한 징계절차를 상당히 엄격하게 운영하고 있으면서 동시에 외부 인사
들이 과반수 참여하는 최고사법관회의에서 징계결정을 함으로써 법관
의 직무윤리 준수를 철저히 요구하고 있다. 그 외에도 변호사회 회장
또는 변호사 노조 등을 통하여 재판절차 등에서의 법관의 언행에 대하
여 문제를 삼을 수 있는 여지가 있는데, 이와 같은 제도들에 의하여 법
관에 대한 외부 평가의 취지가 어느 정도 실현되고 있다고 볼 수 있다.

6. 독일의 법관평가제도

독일은 평생법관제가 제도적으로 정착되어 있는 국가로서 법관은
본인의 동의 없이는 승진·전보·파견이 이루어지지 않는다. 연방 판
사의 경우, 65세를 정년으로 하고 있으나 도중에 사퇴하지 않고 정년
까지 근무하는 종신제를 기본으로 하고 있으며, 어떤 형태로든 법관
에 대한 외부의 관여를 배제하는 것을 법관 인사의 기본원칙으로 삼
고 있다.

이에 따라 독일에서는 변호사단체 등에 의한 공적 영역에서의 법
관평가는 이루어지지 않고 있다. 다만 사적 영역에서 법관평가가 이루
어지는 사례는 있으나, 이는 해당 판사에 대한 소개 또는 안내의 목적
에서 이루어지고 있을 뿐, 법관의 인사에 영향을 미치기 위한 방편으
로 활용되고 있지는 않다. 구체적 사례를 보면, Marktplatz-recht.de
라는 사기업이 운영하는 인터넷 웹사이트에서 부분적으로 법관들을
평가하고 그 결과를 공개하고 있는데, 회원으로 가입한 이들에게만 평
가를 가능하게 하고 평가정보를 제공하는 폐쇄적 방식으로 운영하고
있다.[176]

---

176 http://www.marktplatz-recht.de/index.php(2016. 5. 31. 최종 방문).

독일에서 변호사단체 등에 의한 공식적 법관평가가 활성화되지
않고 있는 원인에 대해서는 항을 달리하여 아래에서 살펴보게 될 것
이다.

7. 외국 법관평가제도의 시사점

미국에서 실시하고 있는 법관평가는 법관의 재임용에 활용하거나,
법관 스스로의 개선·발전을 위한 목적, 또는 재판당사자에게 법관에
대한 정보를 제공·공유하여 재판준비에 도움이 될 수 있도록 하기 위
한 목적으로, 상당한 지역에서 일반적으로 시행되고 있음을 알 수 있
었다. 반면에 법관에 대하여 원칙적으로 종신적 임기제를 채택하고 일
부 예외를 제외하고는 재임용 제도를 채택하지 않고 있는 프랑스나 영
국, 독일 등의 경우 변호사단체는 물론 사적 영역에서의 법관평가조차
거의 실시되지 않고 있는 이유는 무엇인가를 생각해 볼 필요가 있다.

먼저, 프랑스의 경우에는 관련 법령에서 법관에 대한 법원 내부평
가와 승진제도가 공정하고 명확하게 이루어지도록 상세한 규정을 두
고 있으며, 소송당사자에게도 법관에 대한 징계요구권이 인정되고 있
고,[177] 법관에 대한 징계절차를 담당하는 최고사법관회의에 외부 인사
들이 과반수 참여하는 구조를 채택하고 있다. 그 외에도 변호사회의
회장이나 변호사노조 등을 통하여 재판절차 등에서의 법관의 언행에
대한 문제제기가 가능하므로, 이와 같은 제도들에 의하여 법관에 대한
외부 평가의 취지가 어느 정도 구현되고 있다고 볼 수 있다.

다음으로, 영국에서도 법정변호사(barrister)로 활동하면서 비전임
법관(part−time judge) 활동을 겸하는 경우에는, 해당 비전임법관에 대
한 민원이 영국 법정변호사 협회(bar council)에 접수되면 변호사협회

---

177 이 점에서 프랑스의 제도는 대만의 법관평가제도와 유사한 측면이 있다고도
할 수 있다.

의 조사·감찰기관(Bar Standards Board)이 이를 심사하고 문제가 있다고 판단하면 사법조사국[Judicial Conduct Investigations Office(JCIO)]으로 해당 법관에 대한 징계사건을 이첩하는 제도가 시행되고 있다는 점에서, 법관에 대한 외부의 평가가 전혀 배제되지 않은 사법시스템을 갖춘 것이라고 볼 여지가 있다. 그밖에도 법관의 재판 내용을 제외한 다른 개인적인 법정에서의 비위행위(예컨대, 부적절한 법정언어, 증인에 대한 모독, 재판의 고의적 지연 등)에 대해 불만이 있는 경우 사법조사국에 불만을 제기할 수 있고, 사법조사국이 해당 사안을 적절히 다루지 못했다고 생각하는 경우에는, 옴부즈만에게 다시 불만을 제기할 수 있도록 제도화되어 있다는 점 역시 영국의 사법부도 외부의 평가로부터 자유롭지 않다는 점을 뒷받침하는 예라고 할 수 있다.

독일의 경우 제도적 법관평가가 활성화되지 않는 가장 중요한 원인은 미국식의 선거제 방식으로 법관을 선발하지 않고 임명 방식을 취하는 대신 우리와 같은 관료법관제를 채택하지 않고 평생법관제를 채택함으로써 상대적으로 법관에 대한 법원 외부의 평가가 중요한 의의를 가지기 어려운 제도적 측면 외에도 재판부 구성에 직업 법관이라고 보기 어려운 참심원 제도를 도입하고 있는 점, 상당히 세분화된 전문법원체제를 통하여 법관에 대한 일반적인 평가기준을 적용하기 어려운 측면 등 여러 가지 다양한 요소들을 고려할 필요가 있다고 본다. 그러나 독일의 경우에도 사적 영역에서 법관평가가 이루어지고 그 결과가 상업적으로 제공되고 있다는 점은, 법관 평가의 필요성 자체에 대해서는 전면적으로 배격하는 입장은 아닌 것으로 보인다. 이 점에서 법관평가에 대하여 거의 부정적 관점으로 일관하고 있는 우리 법원의 태도와는 비교될 수 있는 측면이 있다고 본다.

이상과 같이 외국의 경우를 살펴보더라도 사법부에 속한 법관에 대하여 외부의 평가나 문제제기가 제도적으로 보장되어 있는 경우가 그렇지 않은 경우에 비하여 훨씬 일반적이라는 점을 알 수 있다. 물론 그 평가나 문제제기의 방법이 반드시 우리의 법관평가와 같은 방식으로 이루어지는 것은 아니다. 변호사단체에 의한 법관평가만이 사법의 민주적 통제를 위한 유일한 방안은 아니라고 할 수 있다. 사법의 민주적 통제를 위한 방안은 각 나라마다 사회적·문화적 차이에 따라 얼마든지 다른 모습을 택할 수 있다고 할 것이다. 나아가 이 시점에서 법관의 선발과 전보 및 승진에 대한 인사권이 대법원장에게 전속되어 있는 세계에 유례가 없는 현재의 시스템에 대한 의문도 제기해볼 필요가 있다. 긍정적인 면에서는 외부의 간섭에서 독립하여 법원 내부에서 대법원장의 책임 하에 인사가 이루어지도록 함이 상당하다고 하여 채택되었겠지만, 권력에 대한 견제와 균형, 권력집중의 방지 및 통제는 민주국가에 있어서 가장 기본에 속한다. 최근까지도 법관 재임용 과정에서 승복하지 못하고 언론에 공개하여 반발하는 경우를 보면, 인사권의 행사에 더욱 객관성을 부여할 수 있는 적절한 방법이 있다면 채택을 주저할 이유가 없다. 이러한 측면에서 변호사단체에 의한 법관평가는 매우 적절한 방법이다. 이러한 관점에서 우리의 사법시스템과 가장 유사한 시스템을 채택하고 있는 것으로 볼 수 있는 일본에서 변호사단체에 의하여 우리가 시행하고 있는 설문조사 방식의 법관평가제도를 시행하고 있다는 점은 시사하는 바가 매우 크다고 할 수 있다.

Ⅳ. 법관평가제도의 발전방안 모색

1. 법관평가제도의 비판에 대한 검토

　　법관평가제도가 공정한 재판을 위하여 필요하고 적절한 제도라고 보아야 할 것인지 아니면 재판의 독립성을 저해하는 잘못된 제도라고 보아야 할 것인지는 법관평가의 공정성과 신뢰성에 대하여 문제점이라고 제기하고 있는 관점들이 올바른 것인가를 살펴보는 것에서 출발하여야 할 것이다.

가. 사법권의 독립 침해 우려 문제제기에 대한 검토

법관평가는 법관의 재판에 대하여 법원 외부에서 비판을 함으로써 재판 절차나 그 결과에 영향을 미치려는 시도로 사법권의 독립을 침해할 우려가 있으며, 변호사는 재판결과에 이해관계를 가지고 있으므로 공정하고 객관적으로 법관을 평가하는 데 근본적인 한계를 가지고 있다는 것이 법원의 공식적인 입장이며,[178] 대법관후보자도 청문회에서 이런 입장을 공개적으로 표명하고 있는 실정임은 Ⅱ.에서 이미 살펴본 바와 같다. 그러나 국회 법제사법위원회의 전문위원 검토보고서는 이러한 주장을 일축하면서, 법관의 인사평정에 외부의 평가를 반영하는 것이 사법권의 독립을 침해하는 것이 아님을 지적하고 있다. 그 내용을 요약하면 이와 같다. 「법관평가제도가 법제화된다고 하더라도 판사에 대한 근무평정의 주체는 여전히 대법원장이며 외부 기관은 평정의 주체가 아니므로 외부 기관이 판사에 대한 근무평정 결과를 직접 좌우할 수는 없는바, 대법원규칙으로 정하는 외부 기관의 의견을 근무평정에 반영할 수 있도록 허용하는 것만으로는 사법권의 독립을 침해할 우려가 있다고 보기 어려우며, 설령 불리한 처분을 받은 일방 당사자 측 변호사가 편파적으로 부정적 평가를 하더라도, 유리한 처분을 받은 타방당사자 측 변호사는 자신에게 유리한 재판진행을 한 것에 만족하여 긍정적 평가를 할 것이기 때문에 변호사 개인이 아니라 이들의 평가를 종합하는 변호사단체의 법관평가가 객관적이지 못하고 불공정하여 법관의 독립성을 침해할 우려는 적다. 오히려 우리나라의 사법부는 입법부나 행정부처럼 국민의 선거에 의해 구성되는 기관이 아

---

178 19대 국회 의안번호 11641호, 함진규 의원 대표발의, 「법원조직법 일부개정법률안」에 대한 전문위원 검토보고서, 5면 참조.

니므로 민주적 정당성이 미약하여 사법권력에 대하여 주권자인 국민이 감시하고 비판할 수 있는 제도가 필요하다. 또한, 법관의 권위적 재판진행과 자의적 판결은 소송당사자 및 이해관계자에게 중대한 영향을 미치므로 이를 억제할 수단이 필요하다. 법관의 독립은 전통적으로 정치권력 등 법원 외부의 통제나 영향력으로부터 독립되어야 한다는 것을 의미하였으나, 최근에는 법원 내부로부터의 독립, 즉 인사권자에 의한 부당한 압력에 대한 법관의 독립이 점차 강조되고 있는바, 법관 인사에 대해 대법원장이 전권을 행사함으로 인해 오히려 비민주적 관료주의가 발생하고 법관의 독립이 훼손되는 문제점을 해소하기 위해서는, 현재 대법관 임명 과정에서 대법관추천위원회에 외부인이 참여하는 것과 같이 판사의 전보나 평정 등에 있어서도 외부인의 의견을 반영하는 것이 바람직하다.」[179] 이 전문위원 검토보고서는 법관평가제도 도입의 취지를 잘 설명하고 있으며, 법관평가제도의 도입을 둘러싼 이해관계를 대변하지 않는 중립적 입장의 의견이라는 점에서 법관평가제도 도입의 필요성에 관하여 시사하는 바가 매우 크다고 할 수 있다.

나. 법관평가제도의 공정성·객관성 문제제기에 대한 검토

(1) 공정성 문제제기에 대한 검토

서울회의 법관평가에 대하여 부정적인 시각을 제시하는 입장은 대체로 재판의 일방 당사자를 대리하는 변호사가 재판의 주체인 법관을 평가하는 것은 자의적일 수 있다는 점을 바탕으로 한다.

그러나 법관평가의 주체가 해당 법관의 재판을 직접 경험해보지 못하고 평가를 하게 된다면, 오히려 그러한 평가는 일반적으로 법관이라는 직업군에 대한 평가자의 주관적 감정의 발현에 불과할 뿐, 해당 법관 개인에 대한 정확한 평가가 될 수는 없다고 할 것이다. 이런 관점에서 앞에서 살펴본, 재판의 당사자가 아닌 제3자가 하는 평가가 객

---

179 위 검토보고서, 5~8면 참조.

관적이라는 점에서 재판에 관여하지 않은 동일한 심사위원들이 판사들을 일률적으로 평가하는 내용이 반영되어야 한다는 문제제기는 올바른 문제제기라고 동의하기 어렵다.

더구나 법관평가의 주체가 장삼이사(張三李四)가 아니라 엄격한 훈련을 거쳐 자격을 취득하고 그 직무를 수행함에 있어서 누구보다도 높은 수준의 윤리적 의무를 부담하고 있는 변호사라는 점을 고려한다면 위와 같은 문제제기는 실제 법관평가에서 나타나는 결과를 제대로 살펴보지 않은 채 아무런 근거 없이 피상적으로 제기하는 막연한 예단(豫斷)에 불과하다고 할 수 있다. 실제로 법관평가표에 적시되어 있는 구체적 사례들을 보면 평가대상이 된 소송사건에서 패소한 측을 대리한 변호사임에도 해당 법관을 우수한 법관으로 평가하고 있는 사례가 종종 발견된다.

법관평가는 법관이라는 직군에 대한 일반적인 여론조사가 아니다. 특정한 소송사건을 담당한 법관을 대상으로 그 소송사건의 진행에서 보여준 태도와 직무능력에 관하여 평가를 하고, 그 평가를 통하여 공정한 재판문화를 이룩하고자 하는 제도이다. 본질적으로 사법행정작용의 일부분이라고 볼 수도 있는 것이다. 법관에 대한 인사평정의 주체가 그 법관이 소속한 법원의 법원장이지 그 법관이 소속하지도 않은 다른 법원의 상급 법관이 아닌 것처럼 해당 법관의 직무수행상황을 직접 겪어본 사람이 내리는 평가라야 제대로 된 평가가 될 수 있기 때문이다. 여론조사가 아닌 법관평가는 그 법관의 재판을 경험한 변호사가 담당하여야 하는 이유는 여기에 있다. 법관평가 결과를 법관인사에 반영할 수 있도록 법제화하고 있는 일본의 경우에도 서울회의 법관평가와 유사한 방식으로 법관평가를 실시하고 있고, 대만의 경우에도 변호사에 의한 평감제기를 채택하고 있다는 점에 비추어 볼 때, 변호사에 의한 법관평가가 공정성이 없다는 비판은 그다지 설득력 있는 비판이라고 보기는 어렵다.

(2) 객관성 문제제기에 대한 검토

법관평가에 참여하는 회원의 숫자가 적어서 법관평가의 객관성을 확보하지 못하고 이로 인하여 평가결과에 신뢰성이 부족하다는 문제 제기에 대해서는 용역보고서의 다음 부분으로 반론을 대신할 수 있을 것이다.

※ 표본의 대표성(representativeness): 표본의 특성이 모집단과 동일한 특성을 가지는 속성을 말하는 것으로(Babbie, 2007), 표본의 대표성을 확보하기 위해서는 표본의 크기(sample size)도 중요하지만 확률표본인지 비확률표본인지와 같은 표본설계(sample design) 역시 중요하기 때문에 표본의 수만 증가시킨다고 하여 대표성이 확보되는 것은 아님

용역보고서가 법관평가에 대하여 취하고 있는 관점에 근본적인 문제가 있음은 아래에서 살펴보는 바와 같다. 그러나 위에서 인용한 용역보고서의 언급은 통계학적 전문성의 관점에서 설문조사의 신뢰성은 평가집단의 양적 규모에 좌우되는 것이 아니라는 점을 지적한 것이다.

물론 법관평가제도는 일반적인 법관직군에 대한 인식조사가 아니라는 점에서 그러한 통계학적 조사방법과 달라야 하고, 그렇다면 보다 많은 수의 회원이 참여하는 조사라야 객관적 신뢰성을 확보할 수 있을 것이라는 재반론이 가능할 수 있을 것이다.

서울회 회원들의 실질적인 법관평가 참여율을 파악하려면 송무에 참여하는 회원 중 몇 명이나 법관평가에 참여하였는가를 판단하여야 한다. 서울회 회원 중 자문업무나 중재사건 등 송무를 담당하지 않는 변호사들이 상당수에 달한다. 송무에 참여하더라도 공동수임의 형태로 관여할 뿐 실제 법정에 나가서 재판에 임하지 않는 변호사들의 수도

고려해야 한다. 이러저러한 경우를 모두 제외하고 직접 법정에 출석하여 재판을 진행한 변호사들만이 모집단이 되어야 한다. 현재 산출 가능한 참여율은 서울회 개업회원 전체를 모집단으로 가정한 것이다. 위와 같은 변수들을 제외한다면 실질참여율은 현재보다 3배 또는 4배 정도 높아진다고 볼 수 있다. 예를 들어 법관평가 참여율이 10%라면 실질참여율은 40%에 이를 수 있다는 것이다. 이 정도면 상당히 많은 회원이 참여하는 법관평가라고 볼 수 있다. 참여율이 낮아서 평가결과의 객관성에 의문을 제기할 정도는 벗어났다고 볼 수 있는 것이다. 물론 가능한 한 지금보다도 더 많은 회원이 참여하도록, 그리고 참여하는 회원이 가능한 한 자신이 경험한 모든 법관에 대하여 평가할 수 있도록 제도 운영에 더욱 충실을 기할 필요가 있음은 당연하다.

다. 설문조사 전문기관의 문제제기에 대한 검토

앞에서 서울대 사회발전연구소에서 제기한 문제들을 요약하여 정리하면 ⅰ) 모집단의 특성을 제대로 반영한 표본집단에 의한 평가방식이 아니라는 문제, ⅱ) 무응답 항목으로 인한 평가결과의 오차 발생 가능성의 문제, ⅲ) 가치상충 응답이나 일괄응답[180]을 걸러내지 못하는 시스템의 문제, ⅳ) 설문 문항순서로 인한 응답오류 발생 가능성의 문제, ⅴ) 평가항목의 잦은 개정으로 인한 일관성 결여 문제, ⅵ) 법관평가의 연말집중 문제로 정리해볼 수 있다. 이 문제들 중에서 어떤 부분들은 전적으로 받아들여 현재 서울회의 법관평가시스템을 개선하여야 할 문제들이지만, 다른 어떤 부분들은 서울회가 실시하고 있는 법관평가의 성격에 대한 근본적 오해에서 비롯된 것으로 보인다. 이하에서 차례대로 살펴보도록 한다.

---

180 일괄응답의 본래 의미와 달리 이 연구에서는 하나의 응답만 계속 선택하는 불성실응답을 가리키는 것으로 이해하기로 하였음은 앞 부분의 용역보고서가 제기한 문제를 기술하면서 이미 밝힌 대로이다. 서울회의 온라인 법관평가 메뉴에는 일괄응답 메뉴가 없기 때문이다.

(1) 표본집단 평가방식의 도입 필요성에 대한 검토

설문조사를 함에 있어서 표본집단을 구성하여 표본집단을 대상으로 조사를 하는 방법은 모집단에 대한 전수조사가 불가능한 경우에 선택하는 방법이다. 이와 같은 표본집단 구성방법 제안은 법관평가의 본질에 대한 오해에서 비롯된 것으로 보인다. 일반적으로 어떤 집단에서 법관이라는 집단을 평가하는 경우에는 위와 같은 충화표본추출방법으로 표본집단을 구성하는 것이 올바른 방법이라고 할 수 있다. 그러나 서울회가 실시하는 법관평가는 법관집단이 아닌 특정한 법관에 대하여 해당 법관으로부터 재판을 받은 경험이 있는 소송대리인 변호사들이 평가주체가 되어 평가하는 것이므로 근본 전제가 다른 것이다.

서울회의 법관평가에서는 유효평가대상 법관은 적어도 5회 이상 즉 5명 이상의 변호사들로부터 평가를 받은 경우만을 집계대상으로 하고 있기도 하다. 일반적이지 않은 평가자 개개인의 주관적 경험이 평가결과를 왜곡시킬 수 있는 우려를 최소화하기 위한 것이다.

이러한 이유에 비추어 볼 때, 법관평가 주체를 지금처럼 회원들의 자발적 참여방식 대신 표본집단 구성방식으로 변경해야 한다는 용역보고서의 지적은 적절한 지적이라고 볼 수 없다.[181]

(2) 무응답 항목으로 인한 평가결과의 오차 발생 가능성에 대한 검토

무응답에 대한 처리기준을 마련할 필요가 있음은 분명하다. 간혹 법관평가항목 중 일부 항목에 응답하지 않는 법관평가표가 제출된다. 그러나 그 이유는 평가자가 귀찮다는 이유로 불성실하게 평가했기 때

---

181 장기적인 관점에서 변호사단체가 계속 요구하고 있는 것처럼 개인정보를 제외한 모든 재판정보가 공개된다면, 특정 재판부의 재판에 관여한 변호사들을 대상으로 표본집단을 구성하고 그 표본집단에 의한 평가를 시도하는 방안도 고려할 수 없는 것은 아니다. 그러나 상당 기간은 위와 같은 전면적 재판정보 공개가 이루어지지 않을 것으로 보이는바, 이러한 상황 하에서 표본집단 방식의 법관평가는 불가하다는 것이다.

문이라기보다는 평가자가 평가하는 사건의 경우에는 무응답한 평가항
목이 해당되지 않는 사건인 경우일 것으로 추측된다. 이 경우에 무응답
평가 전체를 무효화시키는 것보다는 무응답 평가항목에 일정한 점수를
부여하는 방식이 적절할 것이다. 그러나 이미 서울회는 그러한 방식을
시행하고 있다. 그러므로 이 부분의 지적 역시 서울회의 법관평가제도
에 대한 적절한 문제제기는 아니라고 할 수 있다. 다만 현재의 점수부
여방식이 적절한 것인지 여부는 뒤에서 다시 살펴보도록 한다.

(3) 가치상충 응답이나 일괄응답 방지를 위한 시스템의 필요성에 대한 검토

용역보고서의 이 부분 지적은 매우 타당한 지적이다. 가치상충 응
답이나 일괄응답이 이루어지는 경우 온라인 법관평가표 작성 도중에
평가자에게 확인질문을 제기하는 방식으로 법관평가 설문구성을 수정
할 필요가 있다.

(4) 설문 문항순서의 무작위화 필요성에 대한 검토

용역보고서에서 설문 문항을 무작위로 배치하여야 한다는 지적의
취지는 재판의 시작과 진행, 종료 세 단계마다 각각 법관의 품위, 업무
능력, 공정성에 대한 평가를 할 수 있는 평가문항을 적절히 분배하여
야 한다는 의미로 이해된다. 용역보고서에서 설문 문항을 예시하고 있
는 다음 내용을 보면 그러한 취지가 명백하다.

---

1) **재판시작(20%)**
① 법관은 재판 개시 시간을 잘 준수하였다. (품위)
② 법관은 소송관계인을 예절로써 대하였다. (품위)
③ 법관은 소송내용을 사전에 숙지하고 있었다. (업무능력)

2) **재판진행(60%)**
④ 법관은 모든 소송관계인을 공평하게 대하였다. (공정)

⑤ 법관은 재판 진행 시 위압적인 언행을 한 적이 있다. (품위)

⑥ 법관은 소송의 쟁점을 정확하게 파악하고 있었다. (업무능력)

⑦ 법관은 소송의 쟁점에 알맞게 석명권을 행사하였다. (업무능력)

⑧ 법관은 소송지휘권을 행사하면서 절차를 어긴 적이 있다. (공정)

⑨ 법관은 소송지휘권을 공정하게 행사하였다. (공정)

⑩ 법관은 소송관계인의 변론권을 충분히 보장하였다. (공정)

⑪ 법관의 변론 종결 및 재개 과정에 대해 납득할 수 있었다. (공정)

⑫ 전반적으로 이 법관의 재판진행은 공정하였다. (공정)

3) 재판종료(20%)

⑬ 법관의 선고 결과에 대해 수긍할 수 있었다. (공정)

⑭ 법관은 선고 결과에 대해 소송관계인을 납득시키려고 노력하였다. (품위)

⑮ 법관의 화해 또는 조정 내용에 대해 만족하였다. (업무능력)

　　그러나 위 설문 문항 배치의 예시는 재판업무에 대한 이해의 부족 때문인지는 몰라도 모든 재판이 기본적으로 여러 차례의 변론기일을 열고 있다는 점을 간과하고 있다. 재판의 시작[182]에 관한 평가항목으로 되어 있는 '① 법관은 재판 개시 시간을 잘 준수하였다. (품위), ② 법관은 소송관계인을 예절로써 대하였다. (품위), ③ 법관은 소송내용을 사전에 숙지하고 있었다. (업무능력)'라는 항목은 반드시 재판의 시작단계에만 적용되는 평가항목이라고 할 수 없고 재판의 모든 단계에서 법정이 개정될 때마다 평가되어야 할 항목이다.[183] '③ 법관은 소송

---

182 용역보고서에서 재판의 시작이라고 표현한 것은 소송의 시작 단계를 의미하는 것이지 매 변론기일의 시작단계를 의미하는 것은 아니다.

183 물론 제1회 변론기일(또는 변론준비기일)부터 변론종결 기일까지의 개정시각 준수상황을 종합적으로 평가하는 것이 이론적으로 불가능하지는 않다. 그러나 1사건에 1회 법관평가를 할 수 있는 상황에서는 해당 사건이 종결된 후에 법관평가를 하리라고 보아야 하는데, 사건이 종결된 시점에서 해당 사건의 개정시간 준수상황을 모두 기억해 내는 것은 불가능하다.

내용을 사전에 숙지하고 있었다. (업무능력)'는 평가항목은 재판진행의
평가항목 중 '⑥ 법관은 소송의 쟁점을 정확하게 파악하고 있었다. (업
무능력)'와 중복되는 평가항목이며, '⑦ 법관은 소송의 쟁점에 알맞게
석명권을 행사하였다. (업무능력)'라는 평가항목과도 중복될 수 있는 평
가항목이다. 재판의 진행에 관련된 평가항목들 중 소송지휘권에 관한
⑧과 ⑨의 항목도 중복될 수 있는 평가항목이다. 재판의 종료에 관한
평가항목으로 되어 있는 '⑬ 법관의 선고 결과에 대해 수긍할 수 있었
다. (공정), ⑭ 법관은 선고 결과에 대해 소송관계인을 납득시키려고
노력하였다. (품위)'라는 항목은 실질적으로 중복되는 평가항목이다. 선
고결과에 대하여 별도로 설명하는 절차가 없는 우리의 재판절차 하에서
법관이 선고 결과에 대해 소송관계인을 납득시킬 수 있는 방법은 판결
문에 이유를 설시하는 방법밖에 없다. 이는 결국 선고결과에 대한 수긍
과 같은 평가결과에 이르게 되는 것이다. ⑤나 ⑧과 같은 평가항목은
다른 평가항목과 반대방향으로 응답해야 하는데, 이는 항목별 배점에서
혼란을 초래할 우려가 있다. 즉, ⑤나 ⑧에서는 '전혀 그렇지 않다'라는
항목을 선택해야 만점이고 다른 항목에서는 '매우 그렇다'를 선택해야
만점이 되기 때문에 채점 과정에서 혼란을 초래할 수 있는 것이다.[184]

　　물론 이와 같이 중복되는 내용의 평가항목을 배치하는 이유가 가
치상충 응답을 하는지 여부를 확인하여 불성실한 응답을 걸러내기 위
한 의도적 배치라고 볼 수도 있을 것이다. 그러나 오히려 위와 같이
중복되는 성격의 문항이 반복적으로 제시되는 경우 평가자에게 지루
함을 불러일으켜 평가 도중에 평가를 중단해버릴 가능성이 있음을 고
려할 필요가 있다.

---

184 실제로 서울회가 2014년의 평가문항을 마련하면서 사회발전연구소가 아닌
　　모(謨) 설문조사기관에 자문을 받은 결과 그와 같이 채점의 일관성을 방해
　　하는 형식으로 평가하도록 하는 방법은 적절하지 않다는 조언을 받은 바 있다.

설문 문항의 무작위 배치가 위와 같이 평가범주를 구분하고 각 평가범주마다 법관평가를 위해 필요한 평가항목을 골고루 배치하는 것을 의미한다면 크게 고려할 사항은 아니라고 할 수 있다.

(5) 평가항목의 잦은 개정으로 인한 일관성 결여 문제에 대한 검토

8년 동안 평가표가 세 차례나 개정됨으로 말미암아 일관성이 결여되었다는 비판을 받을 만한 상황이 초래되었다는 점은 명백하다.

그러나 2016년에 시행하고 있는 법관평가는 2014년 이래 계속 같은 내용의 평가표를 유지하고 있다. 법관평가의 평가척도 역시 2014년 이래 5점 척도에 따른 평가를 계속 유지하고 있다. 평가법관의 명단공개도 2014년에 법관평가공개에 관한 일반적인 기준을 마련하여 시행하고 있다. 아직 일부 보완할 부분이 남아있기는 하지만,[185] 이는 극히 기술적인 문제에 불과하다.

이상과 같이 평가항목의 개정과 명단공개 등의 일관성 문제는 이제 어느 정도 해소단계에 접어들었다. 평가항목의 잦은 변경으로 인한 일관성 부족의 문제는 과거의 문제일 뿐이고 미래적으로는 해소되어질 문제라고 볼 수 있다.

(6) 법관평가의 연말집중 문제제기에 대한 검토

상시평가를 도모한다는 온라인법관평가제도가 도입된 취지를 고려한다면 법관평가가 연말에 집중되는 것은 법관평가의 신뢰도 측면에서 그다지 바람직한 현상이 아님은 분명하다.

그러나 법관평가제도의 궁극적 목표를 평가대상 법관의 인사평정에 반영하는 것에 둔다면, 법관의 인사평정이 이루어지는 시점[186]에 법관평가가 집중되는 것은 오히려 자연스러운 현상이라고 볼 수도 있는

---

185 이에 관한 상세는 160페이지의 '나. 평가체제의 일관성 유지' 부분 참조.
186 통상적인 법관의 인사평정은 연말까지의 평정사항을 다음 해 연초에 정리하여 평정이 이루어지는 것으로 알려져 있다. 법관평가를 1월 중에 법원에 전달하는 이유는 여기에 있다.

것이다. 2016년 법관평가는 연말집중현상을 해소하기 위하여 연중 일
정 분기마다 법관평가접수를 독려하는 정책을 시행하고 있기도 하다.

역시 이 문제도 긍정적으로 해소되고 있는 문제라고 볼 수 있고,
법관평가의 법제화를 방해할 장애물이 될 수는 없다.

라. 법관평가의 통일화 문제제기에 대한 검토

대한변협은 지금까지 각 지방변호사회에서 자체적으로 실시하고
있던 법관평가에 대하여 법관평가를 통일화하여야 한다는 문제를 제
기하면서 대한변협이 총괄기구가 되겠다는 입장을 표방하였다. 얼핏
매우 당연한 이야기인 것 같지만 그 논리 속에 상당히 많은 문제점들
이 포함되어 있다. 이제 그 문제점들을 하나하나 살펴보고, 그러한 문
제점들에도 불구하고 법관평가의 통일화를 모색하여야 할 것인지 여
부와 만일 통일화를 모색한다면 그 방법과 절차가 어떠하여야 하는지
여부를 살펴보도록 하겠다.

(1) 전국단위 법관 인사이동과 법관평가의 관련성에 대한 검토

대한변협의 첫 번째 논리는 '법관평가의 평가기준 및 결과활용 등
이 지방회별로 통일되어 있지 아니하여 전국단위로 인사이동을 하는
법관들에 대한 평가가 실효성을 갖기 어렵다'는 것이다.

이 논리는 법관평가의 궁극적 목표를 해당 법관에 대한 인사평정
반영에 두는 것과 부합하지 않는다. 법관평가는 특정한 평가년도에 특
정 법관에 대하여 실시되는 것이다. 법관평가가 법제화된다면, 변호사
단체가 법관평가 결과를 계속 집적하면서 관리하여야 할 이유가 전혀
없다. 평가를 받은 모든 법관의 인사기록에 법관평가내용이 반영되어
있을 것이기 때문이다. 법관평가 결과를 수년씩 계속 집적해야 할 이
유는 전혀 없다. 그러한 평가결과의 집적은 해당 법관에게 주홍글씨를
새기는 것과 같다. 한 해의 법관평가기록을 수년 동안 폐기하지 않고
계속 보관하는 것은 서울회에서 3개월 또는 1년 단위로 법관평가 결과

를 폐기하도록 규정하고 있는 지침과도 충돌한다.

(2) 장기적인 데이터 축적과 관리의 필요성에 대한 검토

대한변협의 두 번째 논리는 '법관평가의 시행횟수가 늘어갈수록 평가결과 자료도 늘어날 것이므로, 장기적으로 데이터를 축적하고 관리할 수 있는 총괄기구의 마련이 필수적'이라는 것이다.

그러나 이러한 논리는 법관평가의 본질에 반한다. 위에서 본 바와 같이 법관평가는 1년 단위로 법관에 대한 인사평정에 참고할 자료를 제공하는 것이다. 특정한 법관 특히 하위법관으로 평가받은 법관에 대한 망신주기가 법관평가의 목적이 아니다. 장기적으로 데이터를 축적하고 관리할 대상이 아니다. 오히려 일정한 기간이 경과하고 나면 해당 데이터를 폐기하여야 하는 대상이다. 이러한 이유에서 위와 같은 논리는 타당하지 않다.

(3) 평가기록의 연속성 확보 필요성에 대한 검토

대한변협의 세 번째 논리는 '평가절차가 일원화되면 평가기록에 연속성이 생겨 법관인사에 실질적인 영향력을 발휘할 수 있을 것'이라는 것이다.

그러나 평가기록의 연속성이 법관평가의 본래 취지 — 법관 인사평정에의 반영 — 와 부합하지 아니함은 이미 앞에서 지적하였다. 더 이상의 설명이 필요 없다.

(4) 조직적 대(對)국회 활동 필요성에 대한 검토

법관평가의 궁극적 목표를 법관 평가결과를 법관의 인사평정에 반영하는 것, 즉 '법관평가의 법제화'로 삼는다면, 그 목표를 이루기 위하여 대국회 활동을 조직적으로 전개할 필요성은 절실하다. 특히 뒤에서 보는 바와 같이 법관평가의 법제화 방향을 대법원규칙 개정이 아닌 법원조직법의 개정으로 설정하는 경우에는 이러한 필요성이 더욱 커진다고 할 수 있다.

그러나 대국회 활동을 조직적으로 전개할 필요성이 인정된다고 해서 그 필요성으로부터 곧바로 법관평가를 대한변협이 총괄해야 한다는 논리까지 타당성이 생기는 것은 아니다. 그러한 논리는 마치 대한변협이 총괄하지 않는 사항에 대해서는 대한변협이 아무런 협조도 하지 않겠다는 입장으로 비친다. 만일 대한변협이 그러한 입장을 취한다면 이는 대한민국 내의 모든 변호사들과 외국법자문사들까지 모두 회원으로 포섭하고 있는 대한변협의 위상에 걸맞지 않는 편협한 태도일뿐더러 대한변협의 존재이유를 부정하는 태도이기도 하다. 지방변호사회가 연합하여 대한변협을 설립한다는 변호사법의 규정(제79조)에서 보듯이 대한변협을 구성하는 가장 중요한 단위는 지방변호사회이다. 비록 모든 변호사들이 각자 개별적으로 대한변협의 회원으로 되어 있다고 하더라도 지방변호사회가 대한변협에서 차지하는 위상이 달라지는 것은 아니다.

대한변협이 법관평가 사무를 총괄하든 총괄하지 아니하든, 법관평가의 법제화를 위하여 대국회활동을 조직적으로 전개할 필요성이 있다면 적극적으로 그러한 활동에 나서는 것이 대한변협의 위상과 본질에 부합하는 태도이다. 대한변협이 법관평가를 총괄해야만 대국회활동을 조직적으로 전개할 수 있다는 주장은 매우 편협한 직역다툼처럼 보인다.

(5) 대한변협의 평가총괄로 평가 참여율이 높아질 가능성에 대한 검토

대한변협에서 법관평가를 총괄하겠다는 입장을 표방하면서 현재 각 지방회가 실시하고 있는 법관평가는 여전히 회원들의 참여가 저조한 편이라고 지적하였다. 이러한 지적은 대한변협이 법관평가를 총괄하게 되면 참여율을 높일 수 있다는 점을 신뢰할 수 있을 때에만 타당성을 인정받을 수 있는 주장이다.

아직 대한변협이 법관평가를 총괄해 보지 않은 상황에서 대한변협이 법관평가를 총괄할 경우에 어느 정도나 회원들의 참여율이 높아질 것인지를 예측하는 것은 용이한 일이 아니다. 이 연구에서는 대한

변협이 서울회의 2015년 법관평가와 비슷한 시기에 실시하였던 검사
평가의 참여율을 비교의 대상으로 선정하였다.

대한변협의 검사평가는 2015년 10월 21일부터 2016년 1월 15일
까지 3개월가량 회원들의 평가서를 접수받았는데 접수된 평가서가 총
1,675건(수사 1,030건, 공판 626건, 무효 8건, 사례 11건)에 달하였다고
한다.[187] 서울회 소속 회원은 1,079건(수사 719건, 공판 352건, 무효 8
건)을, 서울 외 지역 회원은 596건(수사 311건, 공판 274건, 사례 11건)의
평가결과서를 제출했으며, 평가된 전체 검사(중복포함)는 632명으로
이 중에서 수사검사는 477명, 공판검사는 229명이었다고 한다. 이러
한 평가결과를 서울회의 2015년 법관평가 결과와 비교하여 보면 다음
과 같다. △로 표기된 부분은 대한변협의 발표내용에서 해당 숫자가
확인되지 않은 부분이다.

[표 3] 서울회 법관평가와 대한변협 검사평가 비교

	서울회 (법관평가)	대한변협 (검사평가)	대한변협 중 서울회[188]
평가 참여 회원수(명)	1,452	△	438
전체 회원수(명)	12,758	17,424	12,758[189]
평가건수(건)[190]	8,400	1,656	1,071
평가된 법관·검사수(명)	1,782[191]	632[192]	△

187 http://news.koreanbar.or.kr/news/articleView.html?idxno=14049(2016. 3. 20. 최종 방문).
188 대한변협의 검사평가결과 발표에서 서울회의 참여부분을 따로 떼어 발표하였는데, 그 부분이 서울회의 법관평가와 비교하기에 적절한 대상이라고 보아 함께 비교하였다.
189 2015. 12. 31. 기준.
190 무효건수와 사례로 분류된 건수를 제외한 수치이다.
191 동일한 법관에 대한 중복평가가 제외된 수치이다.

서울회의 평가기간은 1년이었고 대한변협의 평가기간은 3개월가량이었던 점과 서울회와 대한변협의 회원수는 2015년 12월 31일을 기준으로 하였기 때문에 2016년 1월 1일부터 검사평가 종료시점인 2016년 1월 15일까지의 회원수 변동은 고려하지 못하였다는 한계가 있기는 하지만 이 문제가 두 평가의 결과를 비교하는 것에 그다지 큰 변수가 되지 않을 것으로 보았다. 서울회의 법관평가도 연말의 3개월 사이에 집중되는 점과, 차이 나는 기간이 15일 정도의 단기간인 점, 그 시기가 연초이기 때문에 회원 변동이 그리 활발하지 않은 기간인 점 등을 고려한다면 그 차이는 거의 무시할 수 있는 수준이라고 보았다.

위 통계자료를 놓고 본다면 대한변협이 평가를 총괄한다고 하여 회원들의 참여율이 높아질 것이라고 예측하기는 어렵다. 참고로 검사평가제를 실시한 대한변협 하창우 협회장이 서울회 회장으로 재임한 시기이던 2008년 최초의 법관평가 참여 회원수는 491명, 전체 회원수는 6,390명이었고, 유효평가건수는 1,003건이었으며, 당시 평가기간은 2개월 남짓이었다. 검사평가의 평가준비기간이 짧았기 때문에 1년간 시행하는 서울회의 법관평가와 비교할 수 없다는 반론은 크게 의미가 없다고 본다.

(6) 소　결

위에서 살펴본 바와 같이 대한변협에서 각 지방변호사회의 법관평가를 총괄하겠다면서 내세운 논리는 어느 것 하나 타당하다고 보기 어렵다. 그렇다면 법관평가는 현재와 같이 각 지방변호사회별로 시행되도록 놓아두어도 되는 것인가? 이에 대한 이 연구의 대답은 '아니다' 이다. 법관평가의 법제화라는 궁극적 목표를 현실화하기 위해서는 각 지방변호사회가 각개약진(各個躍進)할 것이 아니라 서로 연합하여 조

---

192 대한변협은 동일한 검사에 대하여 중복평가가 이루어진 경우를 포함하였다고 한다. 서울회는 이런 경우를 무효건수에 포함시키고 있다.

직적인 활동을 전개할 필요가 있고 그 구심점은 대한변협이 맡는 것이 자연스럽다. 다만 그 방법은 지방변호사회의 연합을 통한 것이어야 한다. 이 부분에 관해서는 이 연구의 최종 결론에 해당하는 법관평가의 발전방안에 관한 기술 중에서 다시 살펴보게 될 것이다. 우리의 법관평가와 가장 유사한 방식으로 법관평가제도를 운영하고 있는 일본의 경우를 보면 법관평가는 각 변호사회[193]가 자체적으로 실시하고 있고 일변련은 변호사들로부터 적극적으로 정보가 제공될 수 있도록 각 변호사회에 요청하는 등의 역할을 담당하고 있다고 한다.[194]

마. 법관평가의 비판에 대한 검토 정리

지금까지 서울회가 시행한 법관평가에 대하여 제기되어온 문제들과 그 문제제기가 타당한 것인지 여부를 살펴보았다. 이를 정리하면 다음과 같다.

재판을 받은 변호사가 재판을 한 법관을 평가하는 것은 공정하지 않다는 문제제기는 타당한 문제제기라 아니라고 보았다. 법관평가제도의 본래 취지가 특정한 소송사건을 담당한 법관을 대상으로 그 소송사건의 진행에서 보여준 태도와 직무능력에 관하여 평가를 하고, 그 평가를 통하여 공정한 재판문화를 이룩하고자 하는 제도라는 점에서 직접 재판을 받은 변호사가 하는 평가가 오히려 공정한 평가라고 볼 수 있는 것이다. 법관에 대한 인사평정도 그 법관의 직무수행을 직접 관찰할 수 있는 환경에 있는 소속 법원장이 하도록 되어 있는 것과 마찬가지이다. 일본에서 법관의 인사평가에 변호사 등 외부의 평가를 반영하는 제도의 도입을 논의하는 과정에서도 우리와 마찬가지의 문제가 검토되었으나[195] 결국 외부의 평가를 반영하는 제도가 도입되는 것으

---

193 우리의 지방변호사회에 해당한다.
194 서울지방변호사회의 요청에 대한 일변련의 회신에서 일변련이 밝힌 내용이다.
195 裁判官の人事評価の在り方に関する研究会報告書, 제11차 회의자료 중「評価情報の収集方法」참조.

로 귀결되었음을 참고할 필요가 있다.

참여회원의 수가 적어서 평가 결과가 객관적이지 않다는 문제제기 역시 그다지 타당한 문제제기는 아니라고 보았다. 표본의 크기가 중요한 것이 아니라 표본의 대표성이 중요하다는 점을 고려할 필요가 있다. 아울러 소송업무에 관여하지 않거나, 법정에 출석하지 않는 변호사의 수를 감안할 때, 실질적인 법관평가 참여율은 3~4배 정도 높아진다고 보아야 한다는 점에서 법관평가의 객관성을 인정하기 어려울 만큼 참여율이 낮다고 보기도 어렵다고 보았다.

서울대 사회발전연구소의 진단에서는 ⅰ) 모집단의 특성을 제대로 반영한 표본집단에 의한 평가방식이 아니라는 문제, ⅱ) 무응답 항목으로 인한 평가결과의 오차 발생 가능성의 문제, ⅲ) 가치상충 응답이나 일괄응답196을 걸러내지 못하는 시스템의 문제, ⅳ) 설문 문항순서로 인한 응답오류 발생 가능성의 문제, ⅴ) 평가항목의 잦은 개정으로 인한 일관성 결여 문제, ⅵ) 법관평가의 연말집중 문제 등이 제기되었으나, 이 역시 일부 수정할 부분이 있음을 인정하면서도 그러한 부분이 지금까지 시행해 온 법관평가의 공정성이나 객관성, 신뢰성을 좌우할 만큼 중요한 부분은 아니라고 보았다. 그 이유는 이와 같다. 「서울회의 법관평가는 실제 재판을 경험한 변호사들에 의한 특정 법관에 대한 평가이지 법관이라는 직업군에 대한 일반적 인식을 조사하는 것이 아니므로 표본집단 방식을 적용하는 것은 오히려 적절하지 않은 방법이다. 무응답 항목으로 인한 평가결과의 오차 발생 가능성에 대해서는 현재 중간값을 부여하고 있는데 개선을 고려할 필요가 있다. 가치상충 응답이나 일괄응답 방지를 위하여 시스템을 부분적으로 수정

196 일괄응답의 본래 의미와 달리 이 연구에서는 하나의 응답만 계속 선택하는 불성실응답을 가리키는 것으로 이해하기로 하였음은 앞부분의 용역보고서가 제기한 문제를 기술하면서 이미 밝힌 대로이다. 서울회의 온라인 법관평가 메뉴에는 일괄응답 메뉴가 없기 때문이다.

할 필요가 있다. 설문 문항순서의 무작위화는 기술적 문제로서 반드시 용역보고서가 제시하는 방식으로 무작위화를 해야 하는지도 의문이거니와, 법관평가의 객관성이나 신뢰성을 좌우할 만한 중요한 변수가 되지 못한다. 평가항목의 잦은 개정으로 인한 일관성 결여 문제는 과거의 문제이고 시간이 지날수록 해소될 수 있는 문제이다. 법관평가의 연말집중 문제는 연중 수시접수를 위해 노력할 필요는 있겠으나, 법관인사평정에 반영시킨다는 목표를 고려할 때 연말에 집중되는 것이 당연할 수 있고, 법관평가의 객관성이나 신뢰성을 훼손할 만한 문제는 아니다.」

이와 함께 대한변협에서 법관평가를 총괄하겠다고 내세운 논리에 대해서도 살펴보았다. 대한변협이 총괄할 필요성이 있다면 지금까지 서울회가 시행한 법관평가의 공정성·객관성·신뢰성에 문제가 있다는 것이기 때문이다. 그러나 대한변협의 논리를 검토한 결과, 대한변협에서 법관평가를 전국적으로 통일화하여 대한변협이 총괄해야 한다면서 내세운 논리는, 매년 이루어지는 법관인사평정에 법관평가 결과가 반영될 수 있도록 법제화하는 것을 목표로 하는 법관평가의 속성에 반하는 것으로서 수용하기 어렵다고 보았다. 대한변협이 총괄하지 않는다고 해서 대국회 활동을 소홀히 하겠다면 이는 대한변협의 존재이유를 스스로 부정하는 것이라는 점에서 매우 부적절한 논리이다. 그럼에도 불구하고 이 연구에서는 각 지방회가 서로 연합하여 법관평가의 법제화를 위한 조직적 활동을 전개할 필요가 있으며 그 구심점은 결국 대한변협이 될 것이라는 점을 제시하였다. 다만 이러한 통일화는 법관평가의 객관성이나 신뢰성과는 직접적인 관련성이 없는 요소이다.

2. 법관평가의 순기능에 대한 검토

법관평가의 비판에 대해서는 위와 같이 충분한 반박이 가능하다.

그러나 비판에 대한 반박이 충분히 가능하다고 해서 법관평가제도가 순기능을 발휘할 수 있는 제도라는 점이 논증되는 것은 아니다. 이에 아래에서는 법관평가제도가 구체적으로 어떤 효용성을 갖는 제도인지 그 순기능을 적극적으로 규명해 보고자 한다.

가. 사법권의 독립 강화기능

법관평가의 사법권 독립 강화기능은 인사평정제도의 보완기능과 분리해서 설명하기 어려운 기능이다. 그러나 이 부분에서는 사법권력의 수직적 평정제도에 대응하는 민주적 평정제도라는 관점에서 법관평가제도의 효용성을 살펴보도록 하고, 인사평정제도의 보완기능 부분에서는 사법부 내부의 폐쇄적인 인사평정제도의 오류를 보완하기 위한 외부 평가의 도입 필요성이라는 관점에서 법관평가제도의 효용성을 살펴보도록 할 것이다.

법관평가가 제도화된다고 하더라도 사법권의 독립을 침해할 우려는 없다는 점은 이미 앞에서 설명하였다. 여기에서는 오히려 법관평가의 제도화를 통하여 사법권의 독립을 강화시켜 주는 기능을 수행할 수 있음을 살펴보고자 한다. 앞에서 국회 전문위원의 검토보고서를 인용한 것처럼 현대적 의미에서 사법권의 독립은 외부 권력으로부터의 독립보다는 내부 권력으로부터의 독립이 매우 중요한 의의를 차지하고 있다. 내부 권력의 예로는 대법원장을 정점으로 피라미드처럼 퍼져 내려오는 수직적 관료법관제 하에서 법관에 대한 인사권자가 행사하는 권력이 대표적이라고 할 수 있다. 비록 최근 개선의 움직임이 없는 것은 아니지만, 수직형 관료법관제 체제를 취하는 이상 법관에 대한 인사권자의 평정권은 본질적으로 권력화할 수밖에 없다. 이는 헌법과 법률과 양심에 따라 자유롭게 표출되어야 할 재판작용이, 관료화된 사법 시스템 내에서 과거 판례의 반복적 재생산만을 되풀이하게 되는 것을 의미한다. 이러한 반복적 재생산 구조에서 벗어나서, 헌법 본연의 요

청에 따라 재판에 임하고자 하는 판사의 소신을 보호할 수 있는 제도
적 장치가 바로 법관평가제도라고 할 수 있다. 아무리 인사평정권을
장악한 사법관료가 부당하게 낮은 평정을 매기려 하더라도, 법관평가
를 통한 공정하고 객관적인 평정이 그 대척점에서 부당한 관료적 평정
을 상쇄시키는 역할을 수행할 수 있기 때문이다.

나. 인사평정제도의 폐쇄성 보완 기능

한편 관료적 인사평정제도 자체를 부정적으로 평가하지 않더라도
고도로 폐쇄적인 사법부 체제 내부의 인사평정은 그 자체로 오류 발생
의 가능성을 내포하고 있다. 누구나 자신을 객관적으로 바라보는 데에
는 한계가 있기 마련이다. 이 한계를 극복하기 위해서는 남들이 나를
어떻게 보고 있는지를 깨닫는 것이 중요하다.

사법부는 독립성이 강조된 나머지 다른 권력에 비하여 매우 폐쇄
적이라는 특징을 갖고 있다. 판사에 대한 인사평정 역시 마찬가지이
다. 프랑스나 대만처럼 국민이 직접 법관의 인사에 영향을 미칠 수 있
는 통로도 마련되어 있지 않은 것이 우리의 현실이다. 이러한 폐쇄적
인 인사평정제도 하에서는 그 평정제도 속에 결함이 포함되어 있다고
하더라도 내부의 구성원들은 이를 알아차리기가 쉽지 않다. 밖에서 보
기에는 명백하고 중대한 오류라 하더라도 말이다. 이는 마치 플라톤의
비유에 등장하는 동굴과 같은 상황이므로, 이러한 문제를 내부 구성원
의 탓으로 돌릴 필요는 없다. 문제는 동굴이라는 프레임 자체에 있는
것이기 때문이다. 동굴의 프레임을 극복하기 위해서는 외부의 빛이 필
요하다. 폐쇄적 인사평정제도라는 동굴에 필요한 외부의 빛이 법관을
가장 잘 이해할 수 있는 변호사들에 의한 평가라면, 그 평가는 동굴
속에 갇힌 인사평정제도를 넓은 세상으로 이끌 수 있을 만큼 강력하고
도 효과적인 빛이 될 수 있을 것이다.

다. 법관 재임용의 공정성 담보 기능

법관 인사와 관련하여 '인사권자에 의한 근무 평정의 필요성을 인정하면서도 근무 평정에서 변별하기 부족한 부분을 보완하고, 특히 우리의 경우와 같이 법관에 대한 인사권이 전적으로 대법원장에게 귀속되어 있는 독특한 제도 하에서는 인사권자의 의향에 지나치게 전도되는 재판 성향을 견제하기 위해서라도, 그리고 사법운영에 국민 참여를 높여 사법의 신뢰를 확보할 필요성'[197]이 가장 직접적으로 드러나는 국면이 법관의 재임용 국면이다. 제도 보완을 위한 지속적인 노력[198]에도 불구하고 법관의 재임용을 둘러싼 논란은 최근까지도 수그러들지 않고 있다.[199] 재임용 탈락 대상으로 통보받은 이들 중 거의 대부분이 자신의 명예를 위해 자진사퇴하는 편을 택하리라는 점을 고려할 때, 이러한 문제제기는 그 빈도와 무관하게 심각한 상황으로 받아들일 필요가 있다. 재임용 탈락이 논란을 불러일으키는 원인은 실제 사법부 내부에서 구체적으로 적용하는 재임용 기준이 여하한지는 알 수 없으나, 적어도 겉으로 드러나는 재임용 인사기준이 매우 추상적이고 모호한 표현으로 되어 있어 인사권자의 자의적 판단이 개입할 여지가 매우 크다는 데에 있다고 할 수 있다. 모든 평가지표를 수치로 계량화할 수는 없다고 하더라도, 적어도 변호사회에 의한 법관평가는 객관적으로 드러낼 수 있는 평가지표가 될 수 있다는 점에서 재임용 심사기준에 변호사회의 법관평가 결과를 반영할 필요성은 매우 크다고 할 수 있다. 과거에도 이러한 평가결과 반영 노력이 없었던 것은 아니었으나,

---

197　윤태석, "법관평가에 대한 비교법적 고찰", 「인권과 정의」 제427호(2012), 대한변협, 80면.

198　https://www.lawtimes.co.kr/Legal-Opinion/Legal-Opinion-View?Serial= 62090&page=1 참조(2016. 8. 30. 최종 방문).

199　http://www.segye.com/content/html/2016/08/16/20160816003700.html 참조(2016. 8. 30. 최종 방문).

변호사단체의 일방적인 노력에 그쳤을 뿐 법원의 호응을 이끌어내는 데에는 실패하였다. 그러나 지금까지 법관평가에 대하여 법원이 보여 온 부정적 태도를 고려할 때, 법원의 자발적 호응을 얻어내는 것은 매우 어려운 과제가 될 것으로 보인다. 여기에서도 법관평가를 법제화해야 할 필요성이 대두되는 것이다.

라. 인사권자의 평정 한계 보완 기능

법관에 대한 인사평정에 있어서 파기율, 사건처리율 등의 지표는 통계를 통해 파악할 수 있는 요소들로서, 이러한 지표들은 평정권자가 파악하기에 용이한 요소들이라고 할 수 있다. 그러나 평정 대상 법관이 어느 정도나 공정하게 재판을 진행했는지, 혹은 소송당사자들을 품위있고 친절하게 응대했는지, 재판예정시간을 어느 정도나 정확하게 준수했는지 여부 등 정성적이거나 세밀한 요소들은 평정 대상 법관의 재판 진행 상황을 일일이 모니터링하기 전에는 쉽게 파악하기 어려운 지표들이다. 외부의 법관평가는 이렇듯 평정권자가 쉽게 파악하기 어려운 평정지표들에 접근하도록 도와주는 눈과 귀의 역할을 수행할 수 있다.

마. 법관에 대한 자기시정 기회의 제공

재판 결과에 대해서는 상급 법원의 판단에 의한 시정 기회가 확보되어 있으나, 그러한 결과를 이끌어 내는 과정, 즉 판사가 진행한 재판절차의 부당성이나, 재판절차의 진행에 임하는 태도의 부적절성에 대해서는 상급 법원에 의한 시정이 불가능하다. 법관평가는 재판의 주체인 판사에게 자신이 진행한 재판을 되돌아볼 수 있는 기회를 제공하고 그 반추를 통하여 절차 진행의 불공정함이나 고압적이고 권위적인 진행태도 등의 문제점이 있을 경우 이를 판사 스스로 시정할 수 있는 기회를 제공해 준다. 실제 법관평가제도의 운용 과정을 보면, 낮은 평가를 받을 이유가 없는데 편파적인 평가로 부당하게 낮은 평가를 받았다면서 특정한 사건을 지목하여 항의를 하는 판사들이 간혹 있는데, 해당 판사가 지목한 평가건수를 제외하더라도,[200] 이미 다른 법관들보다 훨씬 많은 수의 낮은 평가로 인하여 해당 법관의 평가순위가 뒤바뀌지 않고 있다.[201] 이는 평가 대상이 되는 판사들이 스스로의 재판진행 태도가 어떠한지를 정확하게 파악하지 못하고 있음을 반증하는 사례이다. 법관평가제도는 이렇듯 자기 자신의 재판진행 태도를 정확히 파악하지 못하는 판사들에게 객관적인 평가결과를 제공함으로써 판사들로 하여금 스스로를 반성하는 자기시정의 기회를 제공하는 기능을 수행하고 있다.

바. 소 결

법관평가의 결과를 판사에 대한 인사평정에 반영시킴으로써 발휘될 수 있는 효용성은 아직 가시화되지 못하고 있다. 그러나 법제화되지 못한 법관평가라 하더라도 적어도 법관의 자기시정 기회 제공의 측면에서는 매우 주목할 만한 성과를 거두고 있다고 평가할 수 있다. 서울회의 법관평가 결과에 대한 분석 부분(Ⅱ.의 3. 참조)에서 이미 살펴본 바와 같이 법관평가제도가 시행된 이후 계속적으로 전체 평가법관 중 하위법관으로 평가되는 비율이 감소하고 있는 추세임이 확인되고 있기 때문이다. 이는 법관평가를 통하여 법정문화가 개선되고 있음을 실증적으로 보여주는 것이라고 할 수 있다. 법관평가의 순기능이 제대로 작동하고 있다고 볼 수 있는 것이다. 법관평가가 법제화될 수 있다면 다른 효용성도 가시적인 성과로 드러날 수 있으리라고 생각한다.

---

200 그 평가에 해당 법관이 주장하는 바와 같이 부당하거나 편파적이라고 볼 수 있는 요소가 있었다는 의미가 아니다.
201 현재 법관평가제도의 운영상 평가자의 익명성 보호가 매우 중요한 과제이기 때문에 서울지방변호사회는 법관의 이의제기에 대해 공식적인 대응은 하지 않고 있다.

위 1. 부분에서 살펴본 법관평가에 대한 비판들은 대부분 타당성이 부족한 비판들이었고, 일부 수긍할 수 있는 비판 부분은 법관평가의 이러한 순기능적 측면을 덮어버릴 수 있을 정도로 치명적이거나 중요한 문제가 아니었다. 이런 이유에서 법관평가제도는 계속 발전시켜서 반드시 법제화에 성공해야 할 필요가 있다고 할 수 있다. 법관평가의 법제화를 통해서, 올바른 재판문화가 정착될 수 있을 뿐만 아니라, 민주적 통제에 취약한 사법권력에 대한 감시와 비판이 제대로 작동할 수 있게 될 것이기 때문이다.

3. 법관평가 법제화를 위한 보완사항

지금까지는 서울회 법관평가에 대하여 법원, 검찰, 사회, 그리고 전문 설문조사기관이 제기하는 문제점들이 무엇인지를 살펴보았다. 그러나 서울회에서 실제 법관평가를 담당하여 시행하고 있는 연구자의 입장에서는 위에서 제기된 문제점들 이외에도 몇 가지 문제점을 더 지적할 수 있는바, 이하에서 이 보고서의 관점에서 몇 가지 문제점을 지적하고자 한다. 아래에서 제기하는 문제 중 일부는 이미 제도를 보완하여 해결된 사항도 있다. 그럼에도 그 부분까지 포함하여 문제로 기술하는 이유는 앞으로 법관평가제도를 시행해 나가는 과정에서 혹시 과거와 똑같은 시행착오를 되풀이할 가능성이 있기 때문에 그 점을 미연에 방지하고자 함에 있다.

가. 법관평가 모델의 전략적 설계

법관평가를 법제화하기 위해서는 그 추구하는 목표를 분명하게 할 필요가 있다. 앞에서 법관평가의 궁극적인 목적은 사법에 대한 민주적 통제방안의 도입에 있다고 보았다. 이러한 관점에서 법관평가 법제화의 전략적 목표는 법관평가 결과가 법관의 인사평정에 반영되는 요소가 될 수 있도록 만드는 것이라고 할 것이다. 위에서 살펴본 법관평가의 순기능이 제대로 구현되려면 법관들이 법관평가의 결과에 대해 부담감을 가질 필요가 있다. 부담감을 가져야만 법관평가에 관심을 가지고 그 평가지표를 준수하기 위한 노력을 경주할 수 있을 것이기 때문이다. 이런 의미에서 법관평가의 부담감이란 '법관평가의 규범력'의 다른 표현이라고 할 수 있다. 법관평가 결과가 규범력을 갖게 만들수 있는 방안으로는 크게 두 가지를 생각해 볼 수 있다. 하나는 법관평가 결과를 전수 공개하는 방안이고,[202] 다른 하나는 공개보다는 법관평가 결과 우수한 평가를 받은 법관이 인사평정에서도 좋은 평정을 얻을 수 있도록 평가 결과를 인사평정에 반영하는 방안이다. 전자는 마치 성범죄자의 신상을 공개하는 것과 유사한 효과를 도모하는 방안이다. 그러나 법관평가에서 낮은 평가를 받은 것을 두고 성범죄자와 동등한 정도로 취급하는 것은 매우 과격한 조치라고 하지 않을 수 없다. 성범죄자의 신상공개가 어느 정도나 성범죄를 억제하는 데 효과를 거둘 수 있는지 의문인 것과 마찬가지로, 법관평가의 결과를 전수 공개하는 것이 과연 어느 정도나 하위 법관의 잘못을 시정하는 데 기여할 수 있을 것인지도 의문이다. 그러므로 전략적으로는 법관평가의 결과가 법관의 인사평정에 반영될 수 있도록 법제화하는 방안이 더 현실적이고 합리적인 방안이라고 할 수 있다.

　이러한 전략적 목표에 기초하여, 서울회가 과거 법관평가제도를 도입하기 위하여 그 모델을 마련함에 있어 법관평가제도의 전략적인 목표를 어디에 두었는지를 살펴볼 때 반성적 고려가 필요하다고 생각한다. 법관평가의 전략적 목표를 법관평가 결과의 법관의 인사평정 반

---

202 현재는 우수법관에 대해서만 공개하고, 하위법관의 경우에는 극히 예외적으로 공개할 수 있는 경우를 규정하고 있다. 그러나 그 공개 요건이 매우 엄격하여 현재까지 그 요건을 충족하여 하위법관으로 공개된 사례는 없다. 일부 언론에서 하위법관으로 평가받은 법관이라며 특정 법관의 실명이 보도되기도 하였으나, 이는 서울지방변호사회의 확인을 거치지 않은 사항이다.

영에 둔다고 할 경우에, 2008년에 실시한 서울회의 최초 법관평가는 과연 그 목표를 이루기 위한 전략이 뚜렷하였는지 의문이기 때문이다. 의문이 드는 이유는 이와 같다. 최초의 법관평가제도 하에서는 법관평가 결과를 대법원(실질적으로는 법원행정처, 이하 양자를 구별하지 않는다)에 전달하는 것으로 하였다. 그런데, 대법원규칙인 「판사근무성적 등 평정규칙」은 고등법원 부장판사급 이상 지원장에 대한 근무 평정자는 고등법원장으로, 법원장·고등법원 부장판사급 이상 지원장을 제외한 나머지 각급 법원 근무 판사에 대한 근무 평정자는 '소속 법원장 또는 소속 지원장(고등법원 부장판사급 이상의 법관이 지원장인 경우)'으로 규정하고 있다.203 법원행정처장이나 법원행정처 차장이 근무평정을 할 수 있는 대상은 법원행정업무에 관련되는 극히 제한적인 법관들로 제한된다. 지방법원 또는 지원 소속 판사의 근무성적 등 평정에 있어서 그 지방법원 또는 지원을 관할하는 고등법원의 고등법원장조차도 직접 평정을 할 수 있는 권한이 없고 다만 소속 법원장의 근무평정결과를 확인하고 의견을 기재할 수 있을 뿐이다.204 이와 같이 법관의 인사평정을 담당하는 주체는 법관이 소속하고 있는 해당 법원의 법원장이라는 점에서 서울회의 법관평가표 제출기관이 대법원이라는 사실은 법관평가의 목적이 법관의 인사에 평가결과를 반영하는 데 있는 것인지 아니면 단순한 정보제공에 있는 것인지 불명확하게 만드는 요인이 되고 있는 것이다.

　　다만 이 문제는 법관평가제 도입 이후 법관평가 결과 중 일정 부분을 해당 법관 및 그가 소속한 법원장에게도 보내는 것으로 운영방법을 변경하여 부분적으로는 보완이 되었다고 할 수 있다. 그럼에도 불

---

203 대법원규칙 제2514호 「판사근무성적 등 평정규칙」(2013. 12. 31. 일부 개정되어 2014. 1. 1.부터 시행되고 있는 것) 별표 참조.
204 위 규칙 제3조 제4항.

구하고 여전히 그와 병행하여 서울회가 법관평가 결과를 대법원에 제
출하는 방식이 유지되고 있어 그 적절성 여부에 대한 검토가 필요하다
고 할 것이다. 법관평가에 관한 외국의 입법례 중 평가결과를 법관인
사에 반영하도록 법제화하고 있는 일본의 경우에는 그 평가 결과를 인
사평가권자에게 제출하는 것으로 되어 있다. 우리의 경우 평가대상 법
관이 재직하는 소속 법원장이 근무평정권한을 갖고 있으므로 소속 법
원장에게 제출하는 것으로 방향을 전환할 필요가 있다.

나. 평가체제의 일관성 유지

사회발전연구소의 용역보고서에서도 지적되었지만, 서울회 법관
평가 방법과 항목은 8개년 동안 무려 3차례나 변경되었다. 우수법관과
하위법관의 분류기준 등 평가결과에 대한 기준도 일관성을 유지하지
못하였다는 비판을 면할 수 없다. 평가척도 역시 5점 척도에서 3점 척
도로 변경하였다가, 다시 5점 척도로 변경하는 등 오락가락하여 다소
혼란스러운 모습을 보인 바 있다. 평가법관 명단공개에 관하여도 초기
에는 익명공개에서 다음해부터 우수법관 공개, 하위법관 비공개 방침
을 유지하다가 2014년에 이르러서야 법관평가공개에 관한 일반적인
기준[205]을 마련하기에 이르렀다. 그러나 이 지침 역시 제정 후 1년도
채 되지 못한 사이에 무려 두 차례나 개정되었다.

다만, 평가 척도와 관련하여 현재는 5점 척도에 따른 평가가 어느
정도 정착된 것으로 평가할 수 있다. 또 현재의 「법관평가 결과 공개
에 관한 지침」은 법관공개에 관한 중요한 부분에서 대체로 정비된 모
습을 보이고 있다. 위에서 지적한 문제점은 상당부분 시정되었고 앞으
로도 시정될 수 있을 것으로 생각한다.

물론 아직 일부 보완할 부분이 있기는 하다. 위 지침 제4조는 "법
관평가 결과를 당해 연도 12월에 법원행정처에 전달한다"라고 되어 있

---

205 서울지방변호사회 「법관평가 결과 공개에 관한 지침」.

는데, 매년 1월 1일부터 12월 31일까지 법관평가를 접수한 후 그 결과를 정리하여 1월 중에 법원행정처에 제출하고 있는 현실과 맞지 않다. 위 지침 제5조와 제6조는 우수법관과 하위법관의 공개시점을 1월이라고 규정하고 있는데, 이 부분 역시 위 법관평가 결과의 제출시점과 차이가 난다. 법관평가 결과를 정리하면 우수법관과 하위법관이 가려진다는 점에서 평가결과의 제출시점과 공개시점을 구태여 구별할 이유는 없다고 할 수 있다. 다만 지침 제6조 제2항에 따라 하위법관의 이름을 공개하는 점은, 위 평가결과의 전달시점(지침 제4조 제1항)이나, 우수법관의 공개(지침 제5조 제2항) 및 하위법관의 구체적 사례 공개시점(지침 제6조 제4항) 이후로 설정되어야 할 것이다. 법관평가 결과를 집계하고 정리하는 시간과 하위법관의 이름을 공개하기 위해서는 일주일 이상의 기간을 두고 해당 하위법관에게 소명의 기회를 부여하여야 하고, 그 후 상임이사회의 의결까지 거쳐야 하는 점을 고려한다면 1월 중에 하위법관의 명단을 공개하는 것은 현실적으로 불가능에 가깝다.

다. 중복평가 방지시스템 정비

여기서 '중복평가'란 동일한 평가자가 동일한 사건에 관하여 여러 차례 중복하여 평가를 하거나, 또는 공동으로 사건을 수임한 수인의 변호사가 그 공동수임 사건을 처리한 법관에 대하여 각자 평가를 하는 경우를 의미한다. 과거 온라인 법관평가가 실시되기 전까지 종이방식으로만 법관평가가 이루어질 때에는 그 결과를 서울회 사무국 직원들이 모두 수작업으로 처리하였다. 그 과정에서 중복평가를 가려내어 무효평가로 처리하였으나, 온라인으로 이루어지는 법관평가에서는 평가자의 인적 사항을 사무국에서 확인할 수 없도록 되어 있기 때문에 시스템에서 그러한 중복평가를 가려낼 수 있도록 검증시스템이 구축되어야 한다.

다만, 공동 수임한 사건에 대한 변호사들의 각자 평가를 중복평가로 취급하여 무효처리할 것인지 여부에 대해서는 고려가 필요하다. 같은 법무법인에 속한 수인의 변호사가 공동으로 수행한 사건에 관하여 각자 법관평가를 허용하는 것은 평가결과의 쏠림 현상을 초래할 우려가 있는 것이 사실이다. 그러나 서로 별개의 법률사무소(공동법률사무소 형태도 아닌 경우를 말한다)의 변호사들이 공동으로 수임하여 진행한 사건에 관하여 그 사건을 담당한 법관에 대하여 각자 평가를 하는 경우까지 중복평가로 취급하여 무효처리할 이유는 없다고 할 것이다. 물론, 이러한 경우가 그리 많지는 않다는 점도 고려할 필요가 있다. 중복평가를 걸러내는 시스템을 구현하면서 이러한 예외를 중복평가에서 다시 제외하는 시스템을 구현하는 것은 시스템을 다소 복잡하게 만들고 시스템 구현비용의 증가를 초래하게 될 것이다. 비용증가에 비하여 거둘 수 있는 효과가 크다면 당연히 비용을 투입하여야 할 것이나, 비용의 증가에도 불구하고 거둘 수 있는 효과가 미미하다면 이러한 경우도 중복평가의 한 유형으로 취급하여 먼저 입력한 법관평가만 유효한 것으로 처리하는 방안도 반드시 잘못된 방안이라고는 볼 수 없다. 이 정도의 사항은 법관평가 업무를 담당하는 서울회 법관평가특별위원회가 결정하도록 위임하더라도 크게 문제되지 않을 것으로 생각한다.

라. 그 밖의 보완사항

(1) 기술적 보완사항

용역보고서에서 지적한 가치상충 응답이나 일괄응답 방지를 위한 시스템의 구현은 법관평가의 신뢰성 제고를 위하여 당연히 보완해야 할 사항이다. 중복평가의 방지 시스템 구현 역시 마찬가지이다. 그러나 평가문항의 무작위 배치 문제는 반드시 보완해야 할 사항이라고 보기는 어렵다. 이를 반영하려면 다시 현재의 평가서를 수정해야 하는데 이는 앞에서 살펴본 평가의 일관성을 유지하지 못하는 문제를 일으킨다. 다른 설문조사 전문기관의 자문내용에 의하더라도 가치상

충 응답이나 일괄응답 방지를 위한 시스템의 구현만으로 충분하다고
할 수 있다.

(2) 무응답 항목에 대한 처리기준 수정 필요성

무응답 평가항목에 부여할 수 있는 점수로는 ⅰ) 해당 평가법관의
평균점수를 부여하는 방법, ⅱ) 해당 평가항목의 중간점수를 부여하는
방법, ⅲ) 무효로 처리하는 방법 등을 고려할 수 있다. 서울회는 과거
ⅰ)의 방법을 사용하다가 최근에는 ⅱ)의 방법을 사용하고 있다. 무응
답 평가항목이 발생하는 원인이 평가항목과 평가대상 사건의 관련성
결여에 있는 것이라면 ⅰ)의 방법이 더 타당한 방법이 아닌가 생각한
다. 같은 관점에서 ⅲ)의 방법은 적절한 방법이 될 수 없다. 용역보고
서에서도 ⅰ)의 방법을 제시하고 있다.

(3) 법관평가 결과의 송부 상대방에 대한 검토

위에서 본 바와 같이 법관평가의 법제화를 통하여 법관의 인사평
정에 법관평가 결과를 반영시키고자 한다면 법관평가 결과는 해당 법
관이 소속한 법원장에게 보내는 것으로 충분하다고 볼 수 있다. 이런
이유에서 위 서울회의 지침에서 아직도 법원행정처장이 종합적인 법
관평가 결과 송부의 상대방으로 남아 있는 점은 시정할 필요가 있다.

(4) 평가항목의 구성

재판의 공정성, 절차 진행의 투명성, 법관의 품위와 자질을 기본
적인 평가요소로 삼는다는 점에서는 한국이나 일본, 대만의 경우가 별
반 다르지 않다고 할 수 있다. 구체적인 평가항목의 설시에 있어서는
각 변호사회의 경험이나 지역적 요소 등을 고려하여 적절한 문언을 사
용하여 평가항목을 구성할 수 있을 것이다. 너무 잦은 변경은 평가의
신뢰성을 담보하지 못하는 문제점이 있겠으나, 평가항목 부분은 평가
결과를 반영하여 지속적으로 연구하고 업데이트될 필요성도 있다고
할 것이므로, 지나치게 경직된 자세로 종래의 평가항목을 고수할 필요

성은 별로 없다고 본다.

(5) 평가 변호사의 실명 공개 여부 검토

서울회가 실시하는 법관평가는 제출시에만 변호사의 실명과 참여한 사건을 표시하도록 되어 있으나, 접수 즉시 이는 분리하여 별도로 보관하였다가 법관평가 이후 파기하여 법관평가에 참여한 변호사의 비밀보장에 만전을 기하고 있다. 반면, 일본의 「재판관의 인사평가에 관한 규칙」에 따른 의견 제시에는 실명을 기재하도록 요구하고 있다.

실명을 공개하도록 하는 것은 무책임하고 경솔한 평가를 방지하고자 함에 그 목적이 있다고 생각한다. 일본의 「재판관의 인사평가에 관한 규칙」에 따른 의견 제시는 변호사에만 국한되는 것이 아니기 때문에 그와 같이 무책임하고 경솔한 평가가 이루어질 우려가 크므로 평가자의 신원을 밝히도록 요구할 필요성과 당위성을 수긍할 수 있다. 그러나 평가자가 변호사로 국한되는 우리의 경우에는 그와 같이 평가자의 신원을 공개하여야 할 필요성이 상대적으로 거의 없다고 할 수 있다. 평가의 주체가 법관과 마찬가지 과정에서 고도의 훈련을 받고 높은 도덕성과 윤리의식을 요구받는 변호사라는 점과, 변호사단체에 의한 정리 과정에서 동일 판사에 대하여 일정 건수 이상의 평가가 이루어진 경우만을 최종적인 평가자료에 반영하고 있기 때문에, 설혹 무책임하고 경솔한 평가가 행해졌다고 하더라도 그러한 평가가 최종적인 평가결과에 반영될 가능성은 거의 없다.

한편 실명공개는 평가자의 자유로운 평가를 곤란하게 만드는 문제점이 제기됨을 상기할 필요가 있다. 일본의 경우에도 「재판관의 인사평가에 관한 규칙」에 따른 의견 제시는 정보 제공자의 이름 및 주소를 공개하고 구체적인 근거가 되는 사실을 기재하고 이를 소속 기관의 총무과에 개인용으로 전달하게 되어 있어서 제대로 된 평가를 기대하기 곤란하다는 지적이 제기되고 있다. 재판관전형검토특별위원회(裁判

官選考檢討特別委員会) 부위원장 岩崎光記이 2005년 3월 5일, 나고야 변호사회에서 개최한 '심사 위원 평가 심포지엄 토론회'의 내용을 소개한 것을 보면,[206] 그 토론회에서는 미국 하와이주에서는 판사의 연임에 대해 헌법기관인 재판관 선임위원회가 변호사로부터 정보를 수집하지만 많은 정보를 수집하기 위해 익명을 선택하고 있으며, 특히 익명 설문 조사는 심사 위원 평가에서 매우 높은 평가를 받고 있다는 점을 예로 들면서, 일본에서도 실제 평가에 관여한 경험을 토대로 법관의 소속 기관장의 평가보다 변호사회의 설문 조사가 상당히 객관적이라는 견해가 제시되었다고 한다.

　　이상의 내용을 종합하여 볼 때, 한국의 법관평가를 제도화함에 있어서 변호사의 비실명화 여부는 현재와 같이 지방변호사회에 접수하는 단계까지만 실명을 표시하도록 하고 그 이후에는 비실명인 상태로 처리하는 것이 적절하다고 본다.[207]

(6) 평가 결과의 공개 여부 검토

　　현재 서울지방변호사회가 시행하고 있는 법관평가의 결과는 매년 법원행정처장에게 송부하는 한편 우수법관과 하위법관의 경우 해당 법관의 인사평정권자인 법원장에게 송부하는 외에, 우수법관의 경우에는 이름, 점수, 순위, 소속 법원 및 구체적 사례 등을 회원 및 언론 등에 공개할 수 있도록 하고, 하위법관의 경우에는 엄격한 요건 하에 예외적으로 명단을 공개할 수 있도록 규정하고 있다. 하위법관을 공개하려면 ① 2년 연속 하위법관으로 선정되는 등 특별한 사정이 있을 것, ② 일주일 이상의 기간을 두고 당해 하위법관에게 소명 기회를 부여할 것, ③ 서울지방변호사회 상임이사회에서 공개를 의결할 것 등의 절차

---

206 http://www.aiben.jp/page/library/kaihou/1703hyouka.html(2016. 5. 20. 최종 방문).
207 이러한 방식은 미국의 유타주와 유사한 방식이다.

를 거쳐 우수법관과 마찬가지 방법으로 공개할 수 있다. 다만, 당해 법관이 소명한 경우에는 소명 내용을 함께 공개할 수 있다(서울지방변호사회 「법관평가 결과 공개에 관한 지침」 제6조).

하위법관의 명단을 공개하는 것이 적절한 것인가 여부는 물론 우수법관의 명단을 공개하는 것에 대해서도 그간 찬반 의견이 나뉘어 왔다.[208] ① 인사권자에 의한 평가가 아님에도 법관 부적격자로 공개적으로 인정되어, 법관으로 하여금 법관인사와 연임심사에 부정적으로 작용한다는 심리적 압박감에 의해 평가 결과에 대하여 강한 거부감을 가지게 함과 아울러 법관독립성의 침해수단으로 인식될 수 있고, ② 재판당사자에게는 자신의 재판부가 자질이 부족한 것으로 인식되어 재판거부 반응이 발생할 수 있으며, ③ 인사권자의 인사평정에서 부족한 평가를 받은 법관이 외부적으로 공개되는 법관평가에 편승하여 엄정하지 못한 재판을 할 우려가 있고, ④ 인사권자에 의한 평가와 평가 결과 사이에 괴리가 발생하면 인사권자에 의한 정당한 인사에 대해서도 부정적 여론이 형성되어 공정한 인사권의 행사를 방해할 수 있다는 논리가 공개반대론의 논리이다. 그 중 반대론의 논거는 충분히 경청할 만하다. 원칙적으로 인사평정 결과가 공개될 수 없는 이상 인사평정에 반영되는 법관평가가 공개된다는 것은 모순이라고 생각한다. 그러나 법관평가가 인사평정에 제도적으로 반영되고 있지 못한 현재와 같은 상황에서 법관의 명단을 공개하는 것은 재판의 공정성과 법관의 자질연마를 촉구하기 위한 불가피한 측면이 있다. 특히 하위법관의 경우 해당 법관에게 소명의 기회를 부여하고, 명단 공개의 요건을 우수법관에 비하여 훨씬 엄격하게 규율하며, 공개하는 경우에는 해당 법관

---

208 법관평가 결과의 공개에 관한 찬반 견해에 대하여는 https://www.lawtimes.
co.kr/Legal−Opinion/Legal−Opinion−View?serial=82546 및 https://ww
w.lawtimes.co.kr/Legal−Opinion/Legal−Opinion−View?serial=82547 각
참조(2016. 9. 5. 최종 방문).

의 소명 내용도 함께 공개하도록 함으로써 특별히 신중을 기하고 있다는 점에서 현재 단계의 법관평가 결과 공개는 나름대로 수긍할 수 있다고 할 것이다.

이에 관한 이 보고서의 결론은 이와 같다. 법관평가 결과의 공개는 '법관평가가 법관의 인사평정에 반영되는 제도가 마련된다면' 공개하지 않는 것이 여러모로 바람직하다. 그러나 법관평가가 법관의 인사평정에 제도적으로 반영되지 않고 대법원에서 계속하여 거부하고 있는 상황에서는, 적정한 인사권의 행사, 재판의 공정성과 법관의 자질 연마를 촉구하기 위해서 법관평가 결과의 공개가 불가피하다.

(7) 법관의 이의기회 보장

법관평가가 법관의 인사평정에 필수적으로 반영되어야 한다는 것을 전제로 한다면, 평정의 대상이 된 법관에게 법관평가 결과에 대해 이의를 제기할 수 있는 기회를 제공하는 것은 법관평가의 신뢰성 제고를 위해서라도 필요한 절차라고 할 수 있다. 다만 법관평가 결과를 공개하지 않는 것과 같은 맥락에서 이의 신청에 따른 심사과정 역시 철저하게 비공개로 진행되어야 할 것이다. 이의신청은 해당 법관에 대한 법관평가 결과가 인사평정권자에게 통보된 시점보다는 인사평정권자가 그 평가 결과를 인사평정에 반영한 시점이 적절할 것이다. 다만, 법관의 이의신청은 법관평가 결과의 필수적 반영 외에도 인사평정 결과가 해당 법관에게 통지되고 해당 법관이 그에 대하여 공식적으로 이의를 제기할 수 있는 법원 내부의 법관 인사 절차의 정비와 보조를 맞추어야 할 문제이다.

4. 법관평가제도의 법제화 추진 전략

가. 법관평가제도의 명확한 목표 제시

서울지방변호사회의 법관평가제도는 재판의 주체와 재판절차에 대한 외부의 평가를 통하여 재판이라는 프로세스가 국민의 권리구제라는 본연의 기능에 충실하도록 촉구함과 아울러 그러한 공정하고 투명한 프로세스를 통하여 합리적인 논증을 거쳐 재판의 결과가 도출되도록 하고 그 재판의 결과가 건전한 법상식에 비추어 수긍할 수 있는 내용일 것을 요구하고 있다고 볼 수 있다. 여기서 오해하기 쉬운 부분은 재판의 결과에 대한 평가가 자칫 자신이 원하는 방향으로의 판결결과를 이끌어내기 위한 압력을 행사하는 수단으로 전락하지 않을까 하는 점이라고 할 수 있다. 그러나 이는 평가의 주체가 일반 시민이 아닌 변호사라는 점에서 근거 없는 오해라고 하지 않을 수 없다. 실제로 지금까지 서울회의 평가결과를 보면 자신이 패소한 사건을 진행한 판사에 대해서도 높은 평가를 하고 있는 것을 알 수 있다. 재판의 결과에 대한 평가는 그 결과가 얼마나 합리적인 논증을 거친 것인지 그리고 당사자들의 주장을 충분히 반영하고 제시된 증거들에 대한 공정하고 객관적인 판단을 거친 것인지 여부에 대한 평가이지 평가자가 주장한 결과를 반영하였는지 여부에 관한 평가가 아닌 것이다.

    법관평가의 목적은 한 마디로 사법에 대한 민주적 통제의 확보라고 할 수 있다. 사법의 독립성 요청에 따른 법관의 신분에 대한 강력한 보호는 자칫 법관으로 하여금 독선과 독단에 빠지게 만들 우려가 있다. 그러한 독선과 독단은 재판 과정에서 위압적이거나 편파적인 진행 태도로 나타날 수 있으며, 객관적인 절차규범의 무시로 나타나기도 한다. 그리고 이러한 위압적이고 편파적인 진행태도와 절차규범의 무시는, 당사자 쌍방의 주장과 제출 증거를 면밀하게 검토하고 합리적인 논증을 통하여 도출한 공평하고 설득력 있는 결론이 아닌, 패소 당사자가 승복할 수 없는 판사만의 독단적인 결과를 도출하게 된다. 법관평가는 이처럼 잘못된 진행과 그로 인한 부당한 결과에 대하여 평가를 함으로써 법관으로 하여금 자기시정의 기회를 제공하고, 그를 통하여

공정하고 투명한 사법질서를 구축하며 국민에게 신뢰받는 사법을 구
현하고자 함에 있다고 할 수 있다.

　이러한 법관평가를 법관인사에 반영시킬 것인지 여부에 관해서는
좀 더 깊은 논의가 필요할 수 있다. 일본의 경우에서 볼 수 있듯이 법
관의 인사에 반영하기 위한 변호사의 법관평가와 변호사단체 자체적
인 필요에 입각한 법관평가는 그 양상을 달리하고 있는 점을 참고할
필요가 있다. 그러나 한편으로는 그와 같이 이원화된 평가를 실시하게
된 배경을 고려할 필요가 있다. 즉 일본의 법관평가 제도화 과정에서
변호사단체와 법원 그리고 검찰이 서로 긴밀하게 의견을 교환한 것은
사실이지만 그 기본적인 추진동력은 1999년부터 2001년 사이에 일본
내각에 설치되어 운영되었던 사법제도개혁심의회에서 비롯되었다고
할 수 있다. 지방변호사회 스스로의 정책적 판단에 기초하여 도입된
한국의 법관평가제도와는 그 출발점이 다른 것이다. 우리의 경우도 과
거 대법원 산하의 사법개혁위원회와 이를 이어받아 정부에 설치되었
던 사법개혁추진위원회가 이러한 역할을 수행했더라면 하는 아쉬움이
남는다. 여하튼 일단 변호사단체에서 법관평가제도를 도입하여 실시하
여 오면서 그에 관한 상당한 경험을 축적하고 있는 이상, 이러한 경험
을 발판으로 삼아 법관의 인사에 구체적으로 반영될 수 있는 평가지표
를 선정하여 법제화하는 것이 반드시 불가능하거나 부적절한 과제는
아니라고 할 것이다.

　정리하자면 한국의 법관평가제도가 지향해야 할 목표는 현재 각
지방변호사회의 법관평가는 그대로 발전시키면서 그 평가결과를 기초
로 하는 일정 부분을 법관의 인사에 반영시키는 "법제화"에 두어야 한
다고 할 수 있다. 그리고 이러한 전략적 목표를 공개적으로 천명함으
로써 법관평가에 임하는 변호사회원들의 주의를 환기시킴은 물론, 법
관평가 결과를 받아들이는 평가대상 법관이나 법관의 인사평정권자들

도 그 평가 결과를 본래의 목표에 부합하는 방향으로 적절하게 활용하
도록 촉구하여야 한다.

나. 법제화의 규범 형식 결정

법관평가는 평가 그 자체를 서울회의 한 연례행사로 치른다는 것
에 의의를 두지 않고 법관평가의 결과가 법관의 인사평정에 반영되도
록 하는 데 있다고 할 수 있다. 이미 대만이나 일본은 이러한 법제화
의 길에 들어서 있으나(물론 대만의 경우는 그 평가방법이나 효과가 우리
와 다소 차이가 있기는 하지만), 아직 한국의 실정은 그러한 법제화를 위
한 시도가 그다지 많은 주목을 받지 못하고 있는 안타까운 현실이다.

법관평가 법제화의 방향에는 대만처럼 법률의 형식으로 시행하는
방향과 일본처럼 최고재판소규칙의 형식으로 시행하는 방향이 있다.
양자는 그 나름의 장·단점을 갖고 있다. 그것은 일반적인 법률입법과
하위규범입법에서 지적하는 장·단점과 동일하다. 즉, 법률로 시행하는
경우에는 법관평가에 대하여 소극적인 입장으로 일관하고 있는 법원
의 의사에 관계없이 법관평가 결과를 법관의 인사평정에 반영시킬 수
있다는 장점이 있는 반면, 사법부에 대한 입법부의 지나친 관여는 법
원의 독립을 침해할 우려를 불러온다는 문제점 및 까다로운 법률개정
절차로 인하여 현실의 여건변화에 탄력적인 대응을 어렵게 만든다는
문제점이 있다. 반면에 이를 하위규범으로 제정하는 경우에는 법원의
독립성을 유지할 수 있고, 현실 여건의 변화에 따라 탄력적인 대응이
가능하게 된다는 장점이 있으나, 법관평가에 소극적인 사법부의 입장
에서는 가능한 한 제도의 도입을 회피하거나 도입하더라도 법관평가
결과의 반영을 최소화하려고 할 것이라는 문제점이 있다.

지금까지의 상황만으로 판단해본다면, 한국에서 법관평가 결과를
법관의 인사평정에 반영하기 위해서는 국회의 입법을 통하는 방법이
현실적일 수밖에 없다. 앞에서 본 바와 같이 법관평가에 대한 법원 측

의 반응은 거의 대부분 부정적이다. 특히 법원 수뇌부의 반응은 부정 일색이다. 이런 부정적 태도를 가진 사법부가 법관평가 결과를 적극적 으로 반영하겠다고 나설 리가 만무하다. 법관평가에서 수년간 하위법 관으로 평가받은 법관이 승진을 한다거나, 그 반대로 여러 해 연속으 로 우수법관으로 평가받은 법관이 자신의 희망과 달리 승진에서 탈락 하는 현상이 발생한다면, 이는 법원에서 서울회의 법관평가를 법관인 사평정에 제대로 반영하지 않고 있다는 명백한 증거라고 할 것이다. 이런 법원으로 하여금 스스로 법관평가제도를 법관인사평정에 반영하 도록 대법원규칙을 개정하도록 요구하는 것은 나무에서 물고기를 찾 는 부질없는 노력이 될 것이다.

　　비록 국회 회기 만료로 자동 폐기되기는 하였지만, 이미 대한민국 19대 국회는 법관평가를 법관의 인사평정에 반영하기 위한 개정법률 안을 발의한 바 있다. 앞에서도 잠시 언급한 바 있는 의안번호 11641 호, 함진규 의원 대표발의 「법원조직법 일부개정법률안」이 그것이다. 이 개정법률안은 사법서비스의 품질을 개선하고 사법부에 대한 국민 의 신뢰를 제고한다는 취지 아래 "대법원장은 판사에 대한 평정을 함 에 있어 대한변호사협회·지방변호사회 등 대법원규칙으로 정하는 외 부 기관·단체의 의견을 들어 평정에 참고할 수 있다"는 내용으로 되 어 있다. 이 개정법률안에 대한 법원행정처의 부정적인 반응과 달리, 국회 법제사법위원회의 전문위원 검토보고서가 이러한 부정적 반응을 일축하면서 법관의 인사평정에 외부의 평가를 반영하는 것이 사법권 의 독립을 침해하는 것이 아님을 지적하고 있음도 이미 앞에서 살펴본 바와 같다.[209] 이 개정법률안은 2014년 9월 5일 발의되어 같은 해 9월 11일 법제사법위원회 법안심사제1소위원회에 회부된 이래 지금까지 아무런 후속논의가 진행되지 않은 채 폐기되고 말았다. 변호사단체는

| 209 Ⅳ.의 가. 참조.

20대 국회에 입법청원을 해서라도 반드시 이러한 내용의 법률개정이
이루어지도록 계속적인 노력을 기울여야 할 것이다.

　　다만 위 개정법률안에서는 변호사단체의 평가를 법원이 임의적으
로 반영할 수 있도록 규정하고 있는데, 변호사단체의 법관평가를 반드
시 반영하는 것으로 수정할 필요가 있다. 다른 일반인이나 사회단체의
평가와 달리 그동안 법관평가의 시행성과를 통해 드러난 변호사단체
의 공신력을 고려한다면 변호사단체의 법관평가는 법관의 인사평정을
위한 중요한 자료가 될 것이기 때문이다.

다. 법제화의 기반 조성

(1) 법관평가 참여율 제고

　　법관평가에 반드시 많은 수의 회원이 참여하여야 그 평가 결과의
객관성을 담보할 수 있는 것은 아니라는 점은 이미 앞에서 충분히 살
펴보았다. 그렇다 하더라도 가급적 많은 회원이 법관평가에 참여하게
된다면 그만큼 풍부한 법관평가 결과를 얻게 될 것이다. 따라서 변호
사회는 법관평가에 계속적으로 많은 회원들이 많은 법관을 참여할 수
있도록 노력을 기울여야 한다. 이를 위하여 법관평가를 회원의 의무사
항으로 규율하거나 법관평가에 참여한 회원에게 그 참여에 대한 충분
한 보상(회원 복지차원의 혜택)이 돌아갈 수 있는 방안을 강구하는 것을
고려할 수 있을 것이다.

(2) 무효건수 감소 노력

　　무효건수의 추이에 관하여는 계속적으로 관심을 갖고 대처할 필
요가 있다. 또 신규 회원들에게 법관평가의 중요성과 정확한 평가방법
등을 반드시 교육할 필요가 있다. 법관평가표에 기재되어 있는 구체적
사례를 선별하여 사례집으로 정리하는 방안도 고려해볼 만하다. 서울
회 회원들이 일상의 법관평가에 임하면서 해당 사례집을 참고할 수 있
을 것이고, 적정한 법관평가를 위한 교육의 교재로도 활용할 수 있을

것이다.

(3) 지방회 상호간 법관평가 정보의 공유

지방회 별로 이루어진 법관평가의 결과 중 일정 부분을 각 지방회 사이에 서로 공유할 필요가 있다. 평가기준이나 평가항목을 통일화하는 것이 이상적일 수 있다. 그러나 이미 상당기간 각 지방회가 나름의 필요에 의하여 평가항목을 마련하고 법관평가를 시행하여 온 이상 단시일 내에 법관평가 항목을 통일화하거나 법관평가 실시를 통일적으로 시행할 필요성은 그리 크지 않다고 할 수 있다. 일본의 경우도 일변련은 각 변호사회의 법관평가에는 관여하지 않고 있다. 이러한 통일화는 결국 평가항목의 변경을 수반하게 되고 이는 평가의 일관성 유지 필요성을 저해하는 요소가 될 것이기 때문이다.

오히려 현재 단계에서는 각 지방회별로 이루어지고 있는 법관평가 결과 중 필요한 부분을 상호간에 공유할 수 있는 체제를 마련하는 정도로 충분하다고 본다. 법관평가 결과 중 공개가 허용되는 부분을 제외한 나머지 평가 결과는 각 지방회별로 엄격한 보안관리규정을 준수하여야 한다. 대한변협이 추진하는 법관평가 통일화 방안이 법관평가 법제화의 목표에 부합하지 않음은 앞에서 살펴본 바와 같지만, 그 통일화 방안에는 이러한 각 지방회별 보안관리규정과 부합하지 않는 문제도 있음을 유념할 필요가 있다. 이런 이유 때문에 법관평가의 통일화보다는 각 지방회별 법관평가 정보의 공유가 더 현실적이고 법관평가의 목표에도 부합할 수 있다. 한편, 지방회별 법관평가 결과의 부분적 공유를 위해서는 어떤 새로운 조직을 만드는 것보다는 이미 대한변협 협회장이 의장이 되는 지방변호사회장 협의회가 구성되어 있으므로 그 조직을 제대로 활용하는 것으로 충분하다.

다만, 장기적인 관점에서는 법관평가 항목의 통일화를 도모할 필요가 있다. 현재 시점에서는 법관평가의 통일화가 오히려 법관평가의 신뢰성에 부정적 영향을 미치게 될 것이지만, 법관평가를 원점에서 새로 시작한다면 평가항목의 통일화 등 기술적으로 가능한 요소들은 가능한 한 통일적인 형태로 시행하는 편이 바람직할 것이다.

법관평가 항목의 통일화 필요성과 평가의 일관성 유지라는 다소 상충될 수 있는 요소를 조화시키는 방안은 장래 현실화될 법관평가의 법제화 시점과 평가 항목의 통일화 시점을 일치시키는 것이다. 법제화가 이루어지게 되면 부칙으로 개정된 법조항의 시행시점까지 다소간의 유예기간이 마련될 것이므로 그 유예기간 동안 법관평가 항목의 통일화를 준비하면 충분할 것이다.

법관평가의 법제화는 법관평가의 전국적 통일화를 통하여 이루어지는 것이 아니라, 법관평가를 법관의 인사평정에 반영시키는 것이 올바른 재판문화를 정착시키고 법원의 민주적 통제를 도모할 수 있는 방편이 될 수 있다는 당위성을 납득시키는 노력을 통하여 이루어지는 것이다. 법관평가의 통일화는 법관평가의 법제화가 이루어지는 시점에 시행되는 것으로 충분하다.

V. 결 론

지금까지 서울회가 그동안 실시하여 온 법관평가의 이념적 기초가 무엇이며, 어떤 목표를 가지고 추진되어 왔는지 그 연혁과 현황을 살펴보면서 그와 더불어 법관평가에 대하여 제기되고 있는 여러 가지 비판들이 적절한 것인지 여부를 검토하였다. 그 결과 그러한 비판들은 대부분 적절한 것이라고 보기 어렵다는 결론에 이르렀다. 물론 법관평가에 대한 비판 중 일부는 수긍할 수 있는 내용들이기도 하였다. 그러나 이러한 수긍할 수 있는 비판들은 이를 적극적으로 수용하여 향후 법관평가의 제도적 발전을 위한 밑거름으로 삼을 수 있는 것들이지 법관평가를 무용의 제도로 자리매김할 정도의 것들은 아니라는 것도 확인되었다.

　이제 남은 과제는 법관평가가 더 이상 지방변호사회의 자체 설문 조사에 머무르지 않고 법관의 인사평정에 반영되는 제도로 편입되도 록 하는 것이다. 법관평가의 제도화는 단지 변호사단체가 법관에 대한 영향력을 증대시키기 위한 방편이 아니라, 사법에 대한 민주적 통제를 통하여 법관으로 하여금 투명하고 공정한 사법절차의 주재자로서의 소임에 충실하도록 촉구하기 위한 것이다. 사법부가 법관평가의 이러 한 순기능에 주목해서 스스로 인사평정에 법관평가 결과를 반영할 수 있도록 제도를 개혁하는 것이 가장 바람직하겠지만, 지금까지 사법부 의 태도는 그러한 전향적 자세를 전혀 보여주지 않고 있다. 오히려 그 반대로 법관평가를 흠집내는 데에만 치중하고 있을 뿐이다. 사법부가 스스로 도입하지 않겠다면 국민의 의사로 법관평가를 제도화할 수밖 에 없다. 가장 좋은 방안이 통하지 않는다면 차선의 방안이라도 강구 하는 것이 필요하다. 그것은 바로 법원조직법을 개정하여 법관평가를 입법화하는 방안이라는 것이 이 보고서의 결론이다.

참고자료

국내자료

- http://www.koreanbar.or.kr.
- http://www.seoulbar.or.kr.

외국자료

미 국

- Rebecca love Kourlis and Jordan M. Singer, "A Performance Evaluation Program For The Federal Judiciary", Denver university law review [vol. 86.1]. 2008. 11. 21.
- http://cjdt.dc.gov/page/reappointment－evaluations.
- http://c.ymcdn.com/sites/iowabar.site－ym.com/resource/resmgr/Files/2014_ Judicial_Performance_Re.pdf.
- http://c.ymcdn.com/sites/nebar.site－ym.com/resource/resmgr/For_the_Public/ NSBA_2014JEP_RESULTS.pdf.
- http://iaals.du.edu/quality－judges/judicial－performance－evaluation－states.
- http://iaals.du.edu/sites/default/files/documents/publications/alaskajpe.pdf.
- http://iaals.du.edu/sites/default/files/documents/publications/arizonajpe.pdf.
- http://iaals.du.edu/sites/default/files/documents/publications/coloradojpe.pdf.
- http://iaals.du.edu/sites/default/files/documents/publications/connecticutjpe. pdf.
- http://iaals.du.edu/sites/default/files/documents/publications/dcjpe.pdf.

- http://iaals.du.edu/sites/default/files/documents/publications/floridajpe.pdf.
- http://iaals.du.edu/sites/default/files/documents/publications/hawaiijpe.pdf.
- http://iaals.du.edu/sites/default/files/documents/publications/idahojpe.pdf.
- http://iaals.du.edu/sites/default/files/documents/publications/illinoisjpe.pdf.
- http://iaals.du.edu/sites/default/files/documents/publications/massachusettsjpe.pdf.
- http://iaals.du.edu/sites/default/files/documents/publications/missourijpe.pdf.
- http://iaals.du.edu/sites/default/files/documents/publications/rhode_islandjpe.pdf.
- http://iaals.du.edu/sites/default/files/documents/publications/utahjpe.pdf.
- http://iaals.du.edu/sites/default/files/documents/publications/vermontjpe.pdf.
- http://iaals.du.edu/sites/default/files/documents/publications/virginiajpe.pdf.
- https://judges.utah.gov/docs/Retention/2016/District/2016%20−%20District%20−%20Allphin%20−%20Publish.pdf.
- http://www.judicialselection.us/judicial_selection/campaigns_and_elections/voter_guides.cfm?state=.
- http://ncsc.contentdm.oclc.org/cdm/ref/collection/judicial/id/218.
- http://nebar.site−ym.com/?page=JPEResults.
- http://www.iowabar.org/?page=JudicialEvaluations.
- http://www.nh.gov/constitution/governor.html.
- http://www.ajc.state.ak.us/retention/retent2010/ret10.html.
- http://www.americanbar.org/groups/judicial/conferences/lawyers_conference/resources/judicial_performance_resources.html.
- http://www.azjudges.info.
- http://www.azjudges.info/Judicial−Performance−Reports/Judicial−Report/courtid/1/benchid/1.
- http://www.coloradojudicialperformance.gov/retentionpdfs/2014/Dst%2017%20Robert%20Walter%20Kiesnowski,%20Jr..pdf.

- http://www.courts.state.hi.us/courts/performance_review/judicial_performance_review.
- http://www.courts.state.nh.us/pereval/2014－JPE－Report.pdf.
- http://www.courts.state.nh.us/sitewidelinks/evaluations.htm#results.
- http://www.courts.state.va.us/programs/jpe/home.html.
- http://www.judges.utah.gov/faq.html.
- http://www.judicialselection.us/judicial_selection/methods/selection_of_judges.cfm?state.
- http://www.judiciary.state.nj.us/education/index.htm#top.
- http://www.ncsc.org/Topics/Judicial－Officers/Judicial－Performance－Evaluation/Resource－Guide.aspx.
- http://www.nmjpec.org/en/how－we－evaluate/evaluation－process.
- http://www.nmjpec.org/en/how－we－evaluate/overall－factors.
- http://www.nmjpec.org/en/judge－evaluation?election_id＝198&year＝2014.
- http://www.therobingroom.com/Default.aspx.
- http://www.nmjpec.org/en/staff/jpec－commissioners.
- http://www.therobingroom.com/FAQs.aspx.
- http://www.yourmissourijudges.org/evaluations/criteria.
- http://www.yourmissourijudges.org/judges.
- http://www.yourmissourijudges.org/wp－content/uploads/2014/09/quigless－lawyers.pdf.

사항색인

연구위원 약력

윤태석(尹泰碩)
연세대학교 법과대학 법학과 졸업
제26회 사법시험 합격 / 사법연수원(제16기) 수료
김장앤리 / 법무법인 충정 변호사
부산지방법원 부장판사
(현) 연세대학교 법학전문대학원 교수

이광수(李光洙)
서울대학교 법과대학 법학과 졸업
제27회 사법시험 합격 / 사법연수원(제17기) 수료
대법원 양형위원회 위원 / 법무부 형사법개정분과특별위원회 위원
(현) 서울지방변호사회 법제이사 · 법제연구원 부원장

정성희(鄭性姬)
고려대학교 노어노문학과 졸업
고려대학교 국제대학원 졸업(국제지역학 석사)
영국 브리스톨 대학교 법학 석사(School of Law, Univ. of Bristol, UK, 2002. 6.)
제49회 사법시험 합격 / 사법연수원(제39기) 수료
영국 Clifford Chance LLP(London, UK) 본사 근무
(현) 법무법인 시화 구성원 변호사

서울지방변호사회 법제연구원 연구총서 06

법관평가의 법제화방안 연구

초판인쇄	2016년 12월 5일
초판발행	2016년 12월 15일
연구위원	서울지방변호사회 윤태석·이광수·정성희
펴낸이	안종만
편 집	이승현
기획/마케팅	조성호
표지디자인	조아라
제 작	우인도·고철민
펴낸곳	(주) **박영시**
	서울특별시 종로구 새문안로3길 36, 1601
	등록 1959. 3. 11. 제300-1959-1호(倫)
전 화	02)733-6771
f a x	02)736-4818
e-mail	pys@pybook.co.kr
homepage	www.pybook.co.kr
ISBN	979-11-303-2956-7 93360

정 가   20,000원